자아깨기에서 꼭짓점 리더십으로
AI영성시대

디프넷

자아깨기에서 꼭짓점 리더십으로
AI영성시대

발   행 | 2025년 11월 28일
저   자 | 이 명 진
펴낸이 | 이 성 환
펴낸곳 | 디프넷_이안에
출판사등록 | 제2002-000040호
주   소 | 경기도 고양시 일산동구 중앙로 1305-30, 827호
전   화 | 031-905-2188
이메일(출판사) | book@difnet.co.kr
이메일(저   자) | jin20500@naver.com

ISBN | 978-89-94574-68-4

youtube.com - AI 영성리더명진
인스타그램 @soul_saver1004

ⓒ 자아깨기에서 꼭짓점 리더십으로
　　AI영성시대 2025
본 책은 저작자의 지적 재산으로서 무단 전재와 복제를 금합니다.

자아깨기에서 꼭짓점 리더십으로
AI 영성시대

youtube.com - AI 영성리더명진
인스타그램 @soul_saver1004

책 구매하신 분은 인스타그램이나 유튜브에 댓글 주시면 공개강좌 참석 가능합니다.

CONTENT

머리말

제1편 자아 깨기 (실천 편)

1 '자아'(自我)란 무엇인가?   11
2 '진짜 나'는 과연 누구인가?   40
3 깨달음으로 가는 첫걸음   55
4 집착을 넘어선 자유   77
5 종교적 관점에서 바라보는 인간   98
6 영원한 삶, 자기완성으로의 여정   120
7 세상과의 조화로운 소통   150
8 '자아깨기'로 거듭나는 나   163

제2편 '꼭짓점 리더십'(Top Vertex Leadership)

프롤로그   177
1 '꼭짓점 리더십'의 정의   181
2 '꼭짓점 리더십'은 무엇이 다른가?   185
3 '꼭짓점 리더십'은 왜 필요한가?   191
세상을 밝히는 리더십   195

머 리 말

◆ '자아깨기'에서 '꼭짓점 리더십'으로~

인간이라는 존재는 도대체 무엇인가? 우리는 가끔 마음속에 '나는 누구이고, 나는 무엇인가?'라는 심오한 질문을 마음속 한 켠에 품고 살아가지만, 늘 바쁜 현실은 어느새 이런 질문으로부터 나를 멀어지게 합니다. 성과와 경쟁, 비교와 갈등의 불안 속에서 우리는 진짜의 '나'를 발견하기보다는, 사회가 만들어 놓은 정형화된 틀 안에서 '나'를 꾸미고 지켜내느라 여념이 없는 것 같습니다. 말로는 자존감의 필요성을 주장하면서, 정작 자존감을 세워줄 '진정한 나'를 만나는 과정은 시도조차 하지 못한 채 그저 묵묵히만 살아가는 것이 우리의 모습인지도 모릅니다. 인간에게 꼭 필요한 자존감은 '자기 위로'나 '자기만족'에서 오는 것은 아닙니다. 그 자존감은 '진짜 나'라는 존재를 알아가는 과정에서 시작되는 것입니다. 그리고, 바로 이 지점이 '자아 깨기'를 완성할 수 있는 시작점이기도 한 것입니다. '자아깨기'는 '나'라는 존재를 스스로의 노력으로 끝까지 마주하고 동행하는 여정입니다. 그리고 그 끝에서 마침내, 우리는 매우 충격적인 사실을 만나게 될 수도 있습니다.

그동안 스스로가 알고 있다고 생각했던 '나'는 사실은 실체가 있는 것이 아니었으며, 그 너머에서 마주하는 '나'는 상상할 수도 없이 특별한 존재였다는 사실을 깨닫고 느끼게 될 것입니다. 이런 과정은 지루하고 힘든 고독의 자리가 될 것이지만. 이 과정을 겪어 내면서 '내'가 세상의 주인이며, 가장 자유롭고, 가장 창조적인 존재라는 사실 또한 깨닫게 될 것입니다. 집착과 두려움으로 가득 찬 '자아'를 벗겨내고 나면, 인간은 누구나, 본래부터 자유롭고 충만한 존재였음을 알게 될 것입니다. '깨달음'이야말로 진정한 자존감이며, 인간존재의 근원적인 힘입니다. 'AI영성시대'는 앞서 발간한 '자아깨기'의 실천편이며 그 연장선 위에 있습니다. '자아깨기'은 자신에 대한 여러 질문에 스스로 답을 구하고, 깊이 생각해 보는 시간을 통해 자신을 얼마나 심도 있게 알고 있는지를 돌아보는 스스로의 여정입니다. 그리고, 질문에 대한 답을 구하는 과정에서 시작된 '나'에 대한 호기심과 그렇게 정립된 자기의 생각을 가지고, 진정한 '나'를 찾을 수 있는 실천적인 과정을 정리하여 엮은 것이 바로 'AI영성시대'입니다. 이 책과 함께, 나를 찾아가는 과정에서 우리는 스스로 각자가 세상의 '주인'이며 '리더'라는 사실을 새삼 느끼게 될 것입니다. 'AI영성시대' 후반부에 있는 '꼭짓점 리더십'은 단순한 리더십 이론서가 아닙니다. '꼭짓점 리더십'을 통해 리더십 분야의 최고 정수이자 목표인 '영성 리더십'을 깊이 있게 정립할 수 있게 될 것입니다. 리더십을 기술이나 기법으로 이해하고 활용하는 시대는 이미 지났습니다. 성과만을 좇는 리더십은 한계를 드러내고 있으며, 인간을 도구로 삼는 조직이 더는 설자리가 없도록 세상은 그렇게 빠르게 변화하고 있습니다. 이제 리더십은 철저히 인간의 본질을 넘어 '존재'라는 출발선에서 시작해야 합니다. 존재의 깊이에서 출발하는 리더십만이 개개인을 성숙하게 하고, 기업을 성장시키며, 사회를 환하게 밝힐 수 있습니다. 'AI영성시대'는 이에 대한 방향성을 제시하는 안내서가 될 것입니다. '꼭짓점 리더십'은 개인으로서 그리고 동시에, 기업과 조직의 자격으로서 최고 정상의 자리를 의미합니다. 조직의 리더가 '자아'를 넘어 존재의 꼭짓점에 도달하게 될 때, 리더는 단순히 성과만을 창출 하는 관리자가 아니라, 조직과 사회를 하나로 연결해 주는 촉매자의 매우 중요한 역할까지도 수행하게 될 것입니다. '꼭짓점 리더십'의 이론을 이해했다는 것은 단지, 보편적인 권력의 자리에만 올라섰음을 뜻하는 것이 아니라, 모든 구성원이 하나로 합일 되고 융합되는 창조적이고 자유로운 정상의 위치에 도달하였음을 의미하는 것입니다. 철학자들은 늘 자기 존재에 대해 스스로 생각하며 묻고 탐구해 왔습니다. 종교 역시 인간존재의 근원을 일깨워 주려는 각고의 노력과 역사였습니다. 철학과 종교는 추구하는 방법론과 조직력은 달랐을지 모르지만, 결국에는 같은 방향성의 질문을 던지고 있는 것이라고 생각합니다. '인간이란 무엇이며 나는 또 누구인가?' 'AI영성시대'는 철학과 종교를 모두 수용하고 존중하면서도 그 둘을 초월합니다. 특정 교리나 철학 체계에 머물지 않고, 모든 인간이 보편적으로 실천할 수 있는 길을 제시합니다. '나를 찾는 연습'을 지속적으로 반복하는 것은 '나'를 깨뜨리고, 본래의 '나'를 회복하며, 마침내 인생의 주인으로 설 수 있는 실행의 과정입니다.

이 책은 단순한 자기 계발서가 아니라, 삶을 근본부터 전환하려는 노력이며, 개인을 넘어 기업과 사회 전체를 새롭게 리모델링 할 수 있는 혁신적인 이론서가 될 것입니다. 리더가 '자아'를 넘어 자신의 존재를 깨닫고 마음을 깨끗이 닦은 상태가 될 때, 조직원과 고객은 그 리더를 통하여 다시 태어날 수 있게 될 것이며, 그렇게 개인의 행복은 조직의 성장으로 확장되고, 조직의 성장은 밝은 사회로 국가로 연속하여 이어질 것입니다. 이 책을 읽는 모든 분이 자신의 존재를 일깨워 '참된 주인'으로 살아가기를 진심으로 바랍니다.

인간이 꿈꾸는 삶의 궁극적 목표가 '행복'은 아닐까요?
그런데, 행복은 결코 외부에서 오는 것은 아닙니다. '스스로에 만족하는가?' '내적으로 충만한가?'라는 질문에 대한 답을 찾아가는 과정에서 우리 삶은 행복을 추구하는 삶이 아니라 그것을 누리게 될 수도 있을 것입니다.

'AI영성시대'를 통해 향후의 리더십이 단순한 경영 성과와 효율적인 운영의 기술이 아니라, 인간존재의 본질을 드러낼 수 있는 능력임을 자각하게 되길 바라며, 이 책이 철학과 종교를 넘어 새로운 리더십의 지평을 열 수 있는 안내서와도 같은 역할을 수행할 수 있게 되길 바랍니다. 부디 함께하는 여정 동안, 한 분, 한 분이 자신의 삶을 스스로 주도하는 진정한 주인이자, 세상을 밝히는 리더가 되기를 진심으로 희망합니다.

제1편 자아 깨기 (실천편)

1 '자아'(自我)란 무엇인가?

'나'라는 존재는 어디에서 왔을까요?

아주 먼 옛날, 우리가 가늠조차 할 수도 없을 정도로 아득히 먼 태초에, 나는 매우 순수한 에너지로 존재했습니다. 어떤 형태로도 얽매이지 않는, 그저 한없이 자유롭고 완전한 존재 그 자체였습니다. 그랬던 내가 이 세상에 나타나기 위해 부모님이라는 물질적 육체를 빌려 다시 태어났습니다. 개천(開天)의 세상 속으로 짧고도 긴 여정이 시작된 것입니다.

한 번쯤 곰곰이 생각해 보기 바랍니다. 내가 현재 존재하고 있는 지금의 환경을 그전에 이미 나 스스로 선택한 것은 아니었는지! 그렇다면, '굳이 나는 왜 많고 많은 행성과 국가와 인종과 지역 중에서, 하필이면, 지구라는 별나라의 대한민국이라는 나라에서 태어났으며, 내가 사는 지역에서, 나와 인연을 맺고 있는 부모를 선택하여 그분들의 아들로 딸로 살아가고 있는 것일까? 만약, 셀 수도 없이 많은 행성 중 내가 태어난 지구라는 행성은 그렇다고 하더라도, 국가와 인종 그리고 나의 부모님을 선택할 수 있는 선택권이 정말로 주어졌다면, 어쩌면 나는 지금보다는 조금이라도 더 나은 조건과 환경을 가진 나라에서, 지금보다는 좀 더 부유하고 훌륭한 인품을 갖춘, 성격도 아주 잘 맞는 부모를 선택하지는 않았을까!'라고 생각을 하는 사람이 있을 것입니다. 그렇지만, 우리가 그런 선택을 안한 건지, 못한 건지 명확히 알 수는 없지만, 우리는 지금의 상황과 환경, 그리고 지금의 부모를 만나 운명처럼, 숙명처럼 그렇게 살아가고 있습니다. 과연, 이 모든 것이 우연일까요? 필연일까요? 어찌 되었든, 내가 지금 이 세상에 존재하는 이유는 분명히 있을 것이고, 내가 지금의 환경에서 이렇게 살고 있는 이유도 분명히 있을 것입니다. 그 이유를 찾고 알아가는 과정이 결코, 쉽지만은 않은 길이라는 것을 모두가 알고 있겠지만, 그럼에도 이런 해결의 실마리를 풀기 위해 삶 속에서 하나하나 차근차근 풀어내는 노력은 나를 찾기 위해서라도 꼭 필요한 부분이라고 생각합니다.

나는 우렁차게 큰 소리로 울어대며 시끌시끌하게 이 세상으로 왔습니다. 태어나는 바로 그 순간부터 여러 상황을 처음으로 맞닥뜨리며 새로운 일들을 경험하기 시작했습니다. 나를 가장 먼저 기쁘고 반갑게 사랑으로 맞이해 준 사람! 역시 부모님, 그리고 사랑하는 가족이었을 것입니다. 그들의 따뜻한 품속, 다정한 목소리, 나를 향해 웃음 짓는 행복한 미소와 감탄사! 모든 것이 '사랑'이라는 이름으로 내게 행복하게 다가왔습니다. 각자가 출생 당시의 상황과 여건이 모두 다를 터이므로,

기억하는 감정의 깊이 역시 저마다 다를 수 있지만, 변하지 않는 사실 하나는 모두 우리에게 물질적 육체를 만들어 준 아버지와 어머니 즉, 부모님이 존재했다는 사실입니다.

어린 시절 부모님의 사랑은 '순수한 나'에게 경험의 틀을 만들어 주기 시작했습니다. 부모님은 나를 끔찍이도 사랑하셨기에 자신이 옳다고 믿는 경험과 방식에 의해, 그리고 자신이 겪었던 과거의 결핍에 대한 기억을 바탕으로 나를 더욱 안전하게 사랑하고 보호하려고 했을 것입니다. '이건 아주 좋은 거야', '저건 너무 위험해', '이렇게 바르게 행동해야 착한 아이지', '엄마, 아빠도 너와 똑같은 시절을 보냈기에 네 마음을 누구보다 잘 알아'와 같이, 경험으로부터 나온 가르침에서, '나' 역시 부모님이 가진 가치관과 세계관을 조금씩은 인정하고 이해하며 서서히 현실로 받아들이기 시작했는지도 모릅니다. 이것이 나의 존재가 타인의 관점으로 바뀌게 되는 순간의 시작점이었습니다. 집착과도 같은 무언가에 의해 스스로 구속되는 느낌이랄까요?

누구보다도 당신의 아들, 딸이 세상의 큰 사람으로 성장해 줄 것으로 기대하는 부모님의 소원이 적극적으로 개입되기 시작한 것입니다. 나를 가장 사랑하는 분이 '사랑'이라는 이름으로 보호를 시작했으나, 정작 사랑의 본질은 실천하지 못함으로 인하여 벌어지는 문제가 발생하기 시작하게 됩니다.

나의 존재는 어느새 부모님이 짜준 틀 안에서, 그분의 의도대로 무럭무럭 자라고 있었습니다. 마치 작은 씨앗이 흙과 물과 햇빛을 만나 성장하여 바르고 곧은 나무로 자라듯이, 나는 부모님의 경험이라는 토양 위에서 조금씩 세상살이에 물들어가는 형태를 갖추게 됩니다. 나의 뿌리가 만들어지고 있는 것은 분명한 것 같은데, 내 안의 중심은 왠지 내 안에 있는 것이 아니라, 외부인 바깥세상에 맞추어져 있는 것만 같습니다.

이때부터인 것 같습니다. 내가 기억하는 '자아'의 모습은 이미 이렇게 만들어지고 형성되고 있었던 것입니다.

태어나는 순간부터 '나'답게 가장 온전한 모습으로 유지될 수 있었음에도 불구하고, 시작점부터 그만 빠르게 '나'다움을 잃어버리고 만 것입니다.

부모님과의 첫 만남은 시작에 불과했습니다. 성장하는 동안 만난 수많은 존재는 지금의 '나'라는 사람을 형성시키는 데 지대하고 막대한 영향력을 주었습니다. 더구나, 지금의 시대는 변화의 속도가 점점 빨라져서 급변하는 속도를 인간이 받아들이기에는 이미 수준의 한계를 넘어 버린 지경에 이르게 되었습니다. 이런 혼돈의 시대적 배경 또한 나의 그릇된 자아를 형성하는 데 있어서 큰 영향을 미치는 요인이 될 수 있는 것입니다.

주변에서 어른들이 "물질적 빈곤 때문에 살기는 힘들었지만, 그럼에도 불구하고, 옛날이 더 살기 좋았어!"라고 말씀하시는 모습을 종종 들어 본 적이 있을 것입니다. 자신의 현재 모습과 생각을 합리화하기 위해서 푸념처럼 하는 말인지도 모르며, 아마도 아주 오래된 추억의 옛 시절이 지금과는 사뭇 달라진 내 존재의 기억을 그리워하고 있는 말인지도 모릅니다.
현대를 사는 나의 존재는 생동감 있고 활력 있는 희망적인 사람이라고 느껴지기보다는, 어떻게 하든지 치열한 경쟁 속에서 견디고 소유하기 위해 살아내야만 하는 무기력한 생존의 존재로 느껴집니다. 사람들은 그래서 과거에 근심 걱정 없던 시절을 생각하며, 그 시절을 그리워하고 있는 것일 것입니다. 이런 생각의 조각조각이 모여져 자아에 대한 피로감과 부작용으로 가깝게 우리 생활 깊숙이 접근하고 있는 것입니다.

때로는 스마트 기기에서 벗어나 문명의 구속 없이 고요하고 평온한 세상에서 자유를 느끼며 살아 보고 싶다는 사람이 의외로 많습니다. 하지만 아이러니하게도, 지금의 시대를 살기 위해서 스마트 기기 없이는 정치, 경제, 금융, 사회, 교육, 문화적으로 소통의 단절은 물론이고 정보도 부재한, 즉, 현대 문명과는 완전히 고립되는 형태로 살 수밖에 없게 됨을 의미하므로, 아주 대단한 결단과 결심을 하지 않고서는 함부로 그렇게 행동할 수도 없는 것이 현실입니다.

'자아'는 내 안에서 무언가를 끊임없이 부추기는 존재와도 같습니다. '네가 지금 멈추면 도태되고 말 것'이라는 속삭임으로 나를 정해진 틀 속의 레일 밖으로 이탈하지 못하도록 말입니다. 순수하게 자기의 뜻대로, 의지대로 살아가려는 본마음을, 자아는 결코 그냥 내버려두고, 순순히 바라보고만 있지 않습니다. 세상을 본래의 '나'로부터 멀어지게 하며, 이미 만들어진 자아에 매몰될 수밖에 없도록 그저 방관합니다. 스스로 선택하는 삶이 아닌 누군가에 의해 무대 위로 떠밀려 올라가 버린 것만 같은 사회! 엄청난 속도로 급변하는 세상 속에서 새로운 지식을 받아들이고, 새로운 문화를 마주하면서, 나는 어쩔 수 없이 또 계속 새로운 '나'로 '빌드 업' 하며 살아야 합니다. 그리고 또다시 점점 강력해지는 '자아'를 그렇게 반복적으로 만들어내고 있습니다. 그러나 변명의 여지없이 그 또한 내가 선택한 일이니 그로 인해 발생하는 책임도 자신이 스스로 질 수밖에는 없습니다. 그저 고요히 가만히 존재하기만 하여도, 그냥 가만히 내버려 두기만 하여도 세상은 자연스레 돌아가며 변화를 거듭하고 있는데, 나는 왜, 무엇이 두렵고 초조하여 그토록 변화하려는 욕망에 목말라하고 있는 것일까요? 우리는 왜 '빨리빨리'를 외치며 변화의 가속을 부추기고 있는 것일까요? 자아는 끊임없는 욕심과 욕망으로 달려가며 중심을 잃게 만듭니다. 그러므로, 자아에서 벗어나지 않으면 우리는 무엇에 쫓기는지도 모른 채 바쁘게만 살게 됩니다. 자아를 벗어난다는 것은 스스로 올바른 견해를 갖추기 위한 필요충분조건의 시작입니다.

세대마다 다른 역사, 다른 시대, 다른 문화 등 다른 많은 경험을 하지만, 그럼에도 불구하고, 우리는 각각의 세대가 겪은 다른 경험을 서로 기억하기도 하며, 때로는 살아 보지 않은 시대를 부러워하기도 하고, 마음 아파하기도 하면서 조화롭게 동시대를 살아가고 있습니다.

세대 간 다른 경험은 역사의 흐름과 과학 기술의 발전, 그리고 의식의 변화로 인해 세대 구성원 사이에 자연스럽게 상호 영향을 미치게 됩니다. 할아버지 할머니가 살았던 시대와 아버지 어머니가 살았던 시대, 그리고 우리가 살고 있는 시대는 각각 다른 시대를 경험하며 살아왔고, 살고 있지만, 결국엔 함께 더불어 살아가야 하는 동지적 관계가 되지 않고서는 서로 불편한 관계인 채로 살게 될 것입니다. 각기 다른 세대가 수명의 연장으로 같은 시대의 삶을 살지만, 조화를 이루며 평화롭게 살아가려면 서로의 입장을 이해하고 공감하지 못하면 소통할 수 없습니다. 언제 터질지 모를 갈등의 불씨를 안은 상태로 살 수밖에 없는 것입니다. 어찌 보면 기성세대가 과거를 잊고 현재라는 동시대를 살아내야 할 이유이기도 합니다. 우리가 '과거를 잊지 말자'라고 하지만, 그것 때문에 본질을 떠난 자아에 붙잡혀 불통을 만들기도 하기 때문입니다.

다른 시대와 다른 경험으로 만들어진 '자아'는 서로의 세대를 인정해 주려 하지 않기 때문에, 마치, 자신이 피해자인 양, 자신을 더 가련하게 보아 달라며 계속 따라다니고 있는 것인지도 모릅니다. '자아'는 아주 강하고 끈질긴 근성이 있어서 쉽게 사라지지 않습니다. 지금까지 '나'라고 생각하며 함께 했었는데, 그것을 하루아침에 사라지게 하는 것이 쉽지 않은 것은 어쩌면 당연한 것입니다. '자아'의 관점에서는 '자아'를 깨거나

'자아'를 소멸하려고 하는 행위는 곧 죽음과도 마찬가지이므로 '자아'를 깨려고 노력하는 시도에서 갈등과 저항은 당연히 심하게 동반되기도 하는 것입니다.

'나'와 함께 했던 사람은 어떤 사람들이었습니까? 유치원에서 만난 친구, 학교 선생님, 이웃에 살던 동네 사람, 심지어 우연히 스쳐 지나간 이름 모를 낯선 이들까지. 그들과의 모든 관계 속에서 나는 웃고, 울고, 행복해하기도 슬퍼하기도 하며 끊임없이 배우고 성장했습니다. 때로는, 둘도 없는 단짝 친구와 아주 사소한 일로 다투기도 하며, 타인의 감정을 이해하는 방법을 터득하기도 했고, 선생님으로부터 지적 가르침을 통해 세상의 드넓은 지식을 습득하기도 하였습니다. 나와 관련된 모든 관계는 나의 가치관과 성격 형성에 많은 영향을 끼쳤을 것입니다. 살면서 겪었던 사람 중에는 항상 '괜찮아'라고 따뜻하게 말해주던 자상한 사람, 뭔지 모르게 나를 불편하게 만들었던 사람, 경쟁심으로 인해 시기와 질투가 유난히 많았던 사람, 세상만사가 귀찮은 듯한 무기력한 사람, 이 세상의 모든 고민을 혼자 도맡은 사람까지 많은 유형의 다양한 사람을 만났을 것입니다. 그렇게 만난 사람으로 인해 나도 만들어지기 시작한 것이며, 나 역시 누군가의 자아를 만드는 데 있어서 중요한 역할을 하기도 했을 것입니다.

어린 시절 내가 살았던 모습은 어땠었나요? 내가 자란 마을 풍경, 동네 내음, 그 지역에만 있던 특별한 무엇, 동네 어르신에 대한 기억, 자주 들락거렸던 나만의 비밀 아지트… 이런, 모든 조건이 나의 어린 시절 기억 속에 스며들어 나를 구성하는 중요한 요인이 되었습니다. 뭔가 특정할 수는 없지만, 고향의 냄새란 것을 떠 올리게 되면 마음이 편안해지고, 고향 친구라도 만나게 되면 어릴 적 추억과 기억과 그리움이 아련하게 떠오르는 것처럼 말입니다. 농촌이나 시골에서 자란 사람은 풀 내음 풍기는 시골 풍경을 마주하며 어린 시절을 생각하고 추억에 잠기게 됩니다. 도시에서 태어나고 자란 사람은 또 그들 나름만의 어린 시절에 대한 추억을 회상하게 될 것입니다. 이렇듯 우리는 어린 시절 경험했던 환경에 익숙해질 때 편안함과 아늑함을 느끼게 됩니다. 어린 시절 친근하게 여겼던 그 모든 것들에 대한 영향으로 나의 자아는 형성이 되었을 것입니다. 그렇게 형성된 자아는 각자 새롭고 낯선 환경과 물질을 받아들이기 힘들어 거부하고 밀어내고 방황하고 갈등하는 경험으로, 그리고 때로는 그 대상을 동경하고 그리워하는 결핍을 만들어내기도 할 것입니다.

어린 시절의 환경과 기억은 소중히 간직해야 할 추억일 수 있지만, 그것만이 전부는 아니라는 것입니다.

아름다웠던 추억이던, 그렇지 못했던 추억이던 추억은 그저 내 기억의 한 조각일 뿐입니다. 결국, 그렇게 만들어진 자아가 곧 '나'라고 굳게 믿으며 살아왔지만, 그 자아는 환경과 타인에 의해 만들어진 자아에 불과한 것으로 실체 없는 허상을 지금까지 내 등에 짊어진 채로 그냥 휩쓸리며 또 그렇게 살아왔을지도 모를 일입니다. 자신을 이끌고 나갈 무엇이 필요했는데. 그것이 어린 시절에 무의식적으로 형성되었던 '자아'였던 것입니다.

이 모든 것, 즉 부모님의 경험, 형제와의 추억, 우정을 나눈 친구들, 내가 살던 시대, 함께한 사람, 뛰놀며 자란 동네, 이 모든 것이 합쳐져 나를 만들어 낸 것입니다. 마치 여러 가닥의 실을 엮어 옷감을 만들어 내듯, 많고 많은 인연이 엮여 지금의 '나'라는 모습을 만들어 낸 것입니다. 그리고, '나'라는 하나가 여러 조각으로 나누어지기 시작했습니다. 단지, 내가 경험하지 않았다는 이유만으로 어떤 문제에 대해서 그것은 다르다, 틀리다, 싫다, 익숙하지 않다 등의 감정으로 거부하고 밀어냈습니다. 나와 남이 다른 자아라는 사실을 인정해 주기보다는 '너와 나는 달라도 너무 다르다'며 구분을 짓기 시작했습니다. 자아라는 벽을 높게 쌓아놓고 불통(不通) 하기 시작한 것입니다.

만약, 당신이 지금의 부모님이 아닌 다른 부모님의 자녀로 태어났었더라면 어떠했을까요? 다른 환경에서 태어나고, 다른 표현에 의해 사랑받고, 다른 방식으로 교육받고 성장하여 자랐다면, 지금 당신은 어떤 모습일 것 같은가요? 아마도 지금과는 전혀 다른 사람이 되어 있을 것입니다. 내가 경험한 모든 것이 뒤바뀐 경험과 환경에서 성장했기 때문입니다.

이 부분에서 우리는 자신에게 중요한 질문을 던져볼 수 있습니다. '부모님이 달랐더라면, 환경이 달랐더라면 지금의 이 모습이 아니지 않을까요? 이 질문에 대한 대답은 분명합니다. '그렇다'입니다. 내가 태어나고 자라면서 겪었던 모든 조건이 달랐다면, 지금 현재 내 모습은 존재하지 않았을 것입니다. 그런데 이 질문에 대해 우리는 내면 깊은 곳에서 '아니야!' 하는 소리를 듣게 될지도 모르겠습니다. 마치 '나는 단지 이런 조건들로만 이루어진 존재는 아니란 말이야!'라고 외치는 듯한 내면의 소리 말입니다. 그렇다면 그렇게 아니라고 말하는 진짜 나는 누구일까요? 혹시, '자아'와 구별되는 '진짜 나'를 만나고 싶지는 않으신가요? 저는 비록 상황과 조건이 변한다고 하더라도 결코, 변하지 않을 태초의 나와 만나고 싶습니다. 변하는 것이 있다면, 변하지 않는 것도 있지 않을까요?

우리는 흔히 '나'라고 하면 나의 이름, 내 가족, 나의 외모, 나의 성격, 나의 직업, 내가 가진 생각과 감정 등을 떠올립니다. 하지만 이 모든 것은 내가 경험하고 인식하며 만든 조건에 불과한 것일 뿐입니다. 나의 이름은 부모님이 지어주었고, 나의 외모는 부모님의 유전자를 물려받았으며, 나의 성격은 성장환경과 주변 사람들과의 상호작용 속에서 형성되었습니다. 내가 가진 지식과 생각들은 결국 외부에서 얻은 정보와 경험을 통해 만들어진 것입니다.

모든 것이 마치 몸에 걸치는 옷과도 같습니다. 내가 어떤 옷을 입었느냐에 따라 나의 모습이 달라지지만, 옷 자체가 나 자신은 아닌 것입니다. 옷은 상황에 따라 벗을 때도 있고, 다른 옷으로 바꾸어 입을 수도 있는 것입니다.

결국, 자아가 '나'라고 생각한다면, 그건 허상일 뿐입니다. 내가 처한 상황, 내가 만난 사람, 내가 쌓은 경험들이 변화하면, '자아'라고 불리는 나의 모습도 끊임없이 변화하는 것입니다. 신기루처럼 잡으려고 하면 할수록 사라지는 것이 바로 '자아'입니다. 우리는 계속해서 이런 허상의 자아 속에 갇혀 살아야 하는 것일까요? 도대체 진정한 '나'는 어디에 숨어 있는 것일까요?

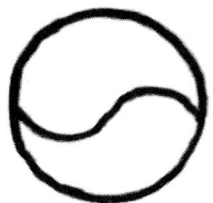

우리는 살면서 종종 실수를 저지를 때가 있습니다. 실수에 대해 우리가 보이는 반응은 어떤가요? 어떤 사람은 실수가 잦은 자신을 자책하며 괴로워하고 스스로 원망하면서도, 똑같은 실수를 또다시 되풀이하는 사람도 있을 것이고, 어떤 사람은 한 번의 실수를 거울삼아, 다시는 같은 실수를 반복하지 않으려는 자세로 임하며 발전하는 사람도 있을 것입니다. '자아'는 무의식의 습관이라고 할 수 있습니다.

회사원 K 씨는 중요한 업무 발표를 하는 자리가 있었는데, 그만 긴장하는 바람에 큰 실수를 하게 되었고, 준비했던 발표를 망치게 되었습니다. 그는 며칠 밤낮으로 자신을 '멍청하고 무능한 녀석'이라고 자책하며 괴로워했습니다. K 씨처럼 과거의 실수나 실패에 대해 스스로에 붙이는 '꼬리표'(나는 ~한 사람이다)는 자아가 만들어내는 부정적인 정체성입니다. 반면에, 어떤 사람은 같은 실수를 하더라도 '이번 일을 통해 무엇을 배웠을까?'를 생각하며 이 일을 계기 삼아 '성장하는 나'를 보기도 합니다.

이처럼, 자아는 고정된 관념이 아니라, 우리가 처한 상황, 주변 사람과의 관계, 그리고 스스로 문제를 어떻게 인식하는가에 따라 다양한 모습으로 표출되어 나타날 수 있습니다.

자아를 이해하는 것은 결국 '나' 자신을 더 깊이 이해하는 시작의 과정입니다.

'자아'는 경험과 환경이 만들어 낸 허상에 불과한 것입니다. 이런 자아는 그림자처럼 우리를 따라다니며 생각보다 훨씬 더 강력하게 우리 삶에 직접적인 영향을 미치게 됩니다. 어쩌면 우리는 내가 아닌 그림자의 목소리를 진짜 나의 목소리라고 착각하며 살아가고 있는 것인지도 모릅니다. 자아는 어떤 특징으로 우리를 움직이게 하는 것일까요? 자아를 메타 인지적 관점에서 바라보게 되면 진정한 나를 찾는데 큰 도움이 될 수 있습니다.

'자아'는 인정받지 못할 때 절망합니다. 그게 '나'인 줄 알고 살았기에, 그것을 인정받지 못하면 내가 무시당하고 외면당하고 있다고 느끼는 것입니다.

만약, '의리'라는 가치가 중요하다고 생각하며 성장한 사람은 의리를 위해 살아야 하고, 누군가 의리에 대한 이야기를 하며 평가할 때 자기 역시, 반드시 의리 있는 사람으로 인정을 받아야만 하는 것입니다. 혹시라도 그렇게 인정받지 못하면 불쾌하고 기분 나쁜 감정이 생기게 됩니다. 자아는 늘 주변 사람에게 의리 있는 사람으로 인정받고 싶어 합니다. 자신이 '나는 의리 있는 사람이야'라고 생각하는 것처럼 다른 사람도 자기를 그런 사람으로 인정하고 대해 주기를 바라는 것입니다.

시험을 잘 치뤄서 부모님께 칭찬받으려 하고, 직장에서 좋은 평가를 받으려 노력하고, SNS에 멋진 사진과 영상을 올려 '좋아요'를 많이 받으려 하는 행동은 인정이라는 '자아'의 속성에서 비롯되는 것입니다. 어느 순간부터 우리는 이런 외적인 인정이 있어야만 비로소 스스로 가치 있는 존재라고 느끼게 되었습니다. 하지만, 생각해 보세요! 만약, 아무도 나를 인정해 주지 않는다면, 나는 정말로 아무런 가치가 없는 존재이며, 이 세상에서 쓸모없는 사람이 되고 마는 것일까요?

자아는 외부의 인정을 통해 자신을 증명하려 하지만, 진정한 나의 가치는 다른 사람의 평가에 달려 있지 않습니다. 그럼에도 불구하고, 자아는 끊임없이 우리에게 속삭입니다. '더 노력해서 인정받아야 해', '저 사람이 너를 어떻게 생각할까?'라고 하는 목마름이 우리를 때로는 지치고 힘들게 만들어 진정한 나를 잃어버리게 하는 요인을 제공하기도 하는 것입니다.

'자아'는 자신을 지키는 힘에 아주 능숙합니다. 그래서 누군가 자기의 생각이나 행동, 심지어 자신의 존재에 대한 정체성을 건드리기라도 하거나 비난하면, 재빠르게 숨어버립니다. 자아는 회피하거나 도망치려는 성향이 강하기 때문에 상대방이 나에게 어떤 단점을 지적하게 되는 경우 우리는 보통 자신감이 저하되어 움츠러들거나, 아니면 반대로 강하게 자신을 방어하려 하며 공격적으로 바뀌기도 합니다. '내가 뭘 잘못했다고 그래?', '너나 잘해!' 같은 반응은 자아가 상처받지 않기 위해 자기 자신을 보호하는 방식입니다. 어떤 사람은 아예 갈등이 일어날 만한 상황 자체를 만들지 않으려 하기도 합니다. 마음속에 자신의 의견은 가지고 있지만, 겉으로는 의견을 말하지 않고 묻어버리거나, 누가 뭐라고 하든 말든 그저 입을 닫아버리는 경우입니다. 이러한 행동의 자아는 '나는 완벽해야 해', '나는 절대 상처받지 않아야 해'라는 생각이 있기 때문입니다. 자신의 취약한 부분이 드러나면 자기의 자아가 없어지거나 약해질 것이라는 착각을 합니다. 그래서 자아는 상처받을까 봐, 혹은 비난받을까 봐 조심조심 자신을 숨기고 보호하는 데 급급합니다.

자아의 또 다른 모습은 '눈에 띄지 않게' 조용히 숨어 있다는 것입니다. 특히, 성격이 소심하거나 내성적이라고 불리는 사람들이 이런 경향을 보이는 경우가 많습니다. 나서서 혹시라도 실수할까 봐, 주목받으면 불편할까 봐, 그냥 조용히 주어진 자기 역할만 하고 싶어 하는 것입니다. 이런 행동은 '겁쟁이' 속성과도 같습니다. 혹시라도 비난받을까 봐, 주목받아 실수할까 봐 아예 자신을 드러내지 않으려는 것입니다. 학창 시절, 발표 시간에 손을 들지 않거나, 회의 시간에 좋은 아이디어가 있어도 말하지 못하고 속으로만 삭이는 경험이 한 번쯤은 있을 것입니다. 이런 행동의 자아는 '내가 나서서 주목받으면 더 곤란해질 수 있어'라고 끊임없이 속삭이기 때문입니다. 이런 행위는 자기의 생각을 방해하는 요인이 되기도 합니다.

사람 눈에 띄지 않으려다 보면, 나의 진짜 능력이나 재능을 발휘할 기회를 놓치게 됩니다. 세상과의 소통은 단절되고, 나의 존재감은 점점 희미해지는 결과를 낳기도 합니다. 자아는 자신을 안전하게 지키려 하지만, 아이러니하게도 그 과정에서 우리는 진짜 나를 세상에 내보이지 못하게 되는 것입니다. 자아는 내가 없어질 것을 두려워합니다. '나'라고 생각하고 지켜내는 곳에 너무 많은 에너지를 써서 진정한 내가 누구인지도 모른 채 우리는 살아가고 있는 것입니다.

자아는 자기 생각이나 방식을 강하게 고집하려는 경향이 있습니다. '내 방식이 맞아', '나는 이렇게 생각하는데?'라고 하면서 다른 사람의 의견이나 새로운 정보를 받아들이는 것을 기피합니다. 마치 허물어지지 않는 벽을 두껍게 쌓아놓고 그 안에 자신을 가두는 것과도 같습니다.

이런 고집은 종종 '아집(我執)'으로 이어지기도 합니다. 자신의 옳고 그름에 대한 판단을 맹신하며 타인의 관점을 이해하려고 하지 않는 것입니다. 토론 중에도 상대방의 말을 경청하기보다 자신의 주장만을 관철하기 위해 애쓰고, 새로운 아이디어가 누군가로부터 제시되어도 '에이, 그게 되겠어?' 하며 쉽게 부정부터 해버립니다. 이러한 고집을 가진 사람의 '자아'는 자신의 안전지대를 벗어나고 싶어 하지 않기 때문에 이런 아집이 생겨나는 것입니다. 익숙한 것이 편하고, 새로운 변화는 두렵기 때문입니다. 하지만 세상은 끊임없이 변화하고, 우리는 새로운 것을 지속해서 받아들여야만이 더 성장할 수 있습니다. 자아의 고집은 성장을 가로막고, 더 넓은 세상을 경험할 기회를 잃어버리게 만듭니다. 우리 일상의 모습에서 대부분 내 '자아'의 모습을 보게 됩니다.

자아는 시간이 갈수록 단단해집니다. 부서지기 힘든 그리고 결국에는 부숴버리려 노력해도 부수기 힘든 바위처럼 견고해집니다. 시간이 흘러간다는 것은 또 다른 의미로 내가 나이가 먹어 간다는 뜻이기도 합니다. 자아는 나이가 들수록, 어찌할 수 없는 더욱 단단한 덩어리로 변해갑니다. 이 부분이 조금이라도 젊을 때 자아에 대한 빠른 인식이 필요한 중요한 이유입니다. 나이가 더 들기 전에 조금이라도 덜 단단해진 상태로 부숴야 하는 것이 바로 '자아'이기 때문입니다.

'자아'에 대한 가장 큰 착각은 자아는 곧 '자신의 전부'라고 믿는 것입니다. 내가 가진 이름, 직업, 생각, 감정, 육체 등, 이 모든 것이 '나'라고 굳게 믿습니다. 그래서 자아가 상처받거나 흔들리면 마치 나의 모든 것이 사라지는 것만 같은 불안감을 느끼게 됩니다. 하지만, 앞서 말했듯이 이 모든 것은 조건에 따라 변하고 사라질 수 있는 것입니다. 잘 다니던 직장에서 직업을 잃었을 때 '나는 아무것도 할 수 없는 능력 없는 못난이일 뿐이야'라고 생각하거나, 외부적 환경으로 인해 외모가 변하면 '나는 더는 나답지 않아'라고 느끼는 것이 바로 자아의 착각입니다.

자아는 내가 가진 것, 내가 이룬 것으로 나를 정의하려 하지만, 진정한 '나'는 그 모든 것을 초월한 존재라는 사실입니다.

자아의 이러한 속성들은 어쩌면 자기를 보호하려는 본능에서 시작되었을지도 모릅니다. 하지만 그 보호막이 너무 견고해질수록, 우리는 진정한 자신을 발견할 기회를 점점 잃게 될 것입니다. 자아는 마치 나를 지켜주는 수호신과도 같지만, 때로는 내가 넓은 세상으로 나가는 것을 방해하는 족쇄가 될 수도 있습니다. 우리를 이끄는 '자아'는 적절하게 '나'를 이끌어 주어야 하는 것인데 지나치게 한쪽으로 치우쳐 중심을 잃어버리는 것이 문제입니다. 꼭 균형을 잃고 문제가 생기는 마지막 순간까지도 자아는 고집을 부립니다. 이것이 우리가 올바르게 자아를 인식해야 하는 이유입니다.

자아에게 말해 주세요!
'알았어! 네가 누구인지 잘 알고 있으니까 지금은 조용히 가만히 있어 줄래? 너무 나서지는 마!'라고!

진정한 내가 자아를 이끌어 줄 때 자아는 그 역할을 발휘될 수 있게 되는 것입니다.

지금까지 '자아'란 무엇이며 어떤 속성이 있기에 '자아'는 우리를 꽁꽁 묶어두고 있는지에 대해 알아보았습니다. 그렇다면 이 '자아'라는 허상을 어떻게 허물 것이며 그 속에 감춰진 진정한 나는 또 어떻게 발견할 수가 있는 것일까요?

'자아'는 나 자신도 모르는 깊은 무의식의 세계입니다. 그래서 우리는 살면서 알게, 모르게 자아의 지배를 받으며 살아가게 됩니다. 남들에게 인정받으려 애쓰고, 상처받을 것이 두려워 숨어버리며, 고집을 부리는 등 자아가 이끄는 대로, 시키는 대로 그렇게 흘러가는대로 살았습니다. 언뜻 보기에는 평범하고 문제없어 보이는 삶이었을지 몰라도, 이런 자아의 삶을 살게 되면 언젠가 한 번쯤은 깊게 삶의 회의를 느끼는 순간이 찾아올 것입니다.

'내가 지금 뭐 하고 있는 거지?' '이게 정말 내가 원했던 삶일까?' '나는 누구이며, 왜 이렇게 힘들게 살아야 하는 걸까?' 이런 질문들이 마음속에서 맴돌기 시작하면, 우리는 설명하기 어려운 우울감에 사로잡힐 수 있습니다. 그리고 이 우울감은 때로는 더 깊은 우울증으로 연결될 수 있습니다. 왜냐하면, 자아에 의한 삶은 '내가 중심이 되는 삶'이 아니기 때문입니다. 나의 의지나 진정한 바람이 아니라, 타인의 시선, 사회의 기준, 과거의 경험들이 만들어 낸 자아라는 '껍데기'가 나를 대신하여 삶을 조종하며 살고 있었기 때문입니다. 꼭두각시처럼 살아가는데, 꼭두각시를 조정하는 실을 쥐고 있는 손은 내가 아닌 외부의 어떤 것이라고 생각해 보세요! 아무리 열심히 노력해도 공허함은 사라지지 않고, 진심으로 만족감을 느낄 수 없는 것은 어쩌면 당연한 일인지도 모릅니다. 우리는 모두가 진정한 '나'로 살아가기를 갈망하고 있지만, 실상은 자아가 바로 그 길을 가로막고 있는 것입니다.

자아를 정확히 알아차리고 잘 활용해야만 고집불통인 자아와 헤어질 수 있습니다. 자아에 속지 않고 진정한 내면의 소리를 듣게 된다면 이 방법만으로도 자아와는 이별할 수 있습니다. 자아라는 껍데기를 어떻게 허물어 버릴 것인지, 그리고 진정한 나의 목소리는 어떻게 들을 수 있는 것인지 이 모든 것을 해결할 수 있는 방법은 무엇일까요?

나는 본래 하나의 유일한 존재로서 태어났습니다. 그런데 살아가면서 경험과 환경이 만들어 낸 '껍데기'들이 겹겹이 쌓이게 되었고 마치, 나의 본 모습이 아닌 다수에 의해 만들어진 모습처럼 보이게 만들었습니다. 양파 껍질을 벗겨내면 벗겨낼수록 속에서 진짜 알맹이가 드러나듯이, 자아라는 껍데기를 벗겨내야만 우리는 본래 나의 존재와 마주할 수 있습니다.

'자아'가 나는 아닙니다. 그렇다면, 내가 아는 나는 누구이고 내가 모르는 나는 누구이며 '참나'는 어디에 있는 것일까요? 자아에서 벗어나기 위해서는 결국, '나는 누구인가?'라는 질문을 끊임없이 해야 하며 그 물음 속에서 하나씩 깨어나야만 하는 것입니다.

자아를 깨고 진정한 나를 만나는 순간, 나의 인생은 완전히 달라지게 될 것입니다. 그중에서도 가장 큰 변화는 바로 '내가 해야 할 일'을 명확하게 알 수 있게 된다는 것입니다. 자아의 삶은 방황의 연속입니다. 남들이 좋고 안전하다는 길로만 따라가거나, 실패할 것이 두려워 무언가를 아예 시작할 엄두조차 내지 못하거나, 아니면 과거의 상처에 갇혀 헤어 나오지 못한 채 허둥대기만 합니다. 나침반 없는 배가 어디로 가야 할지 몰라 방향을 잃고 표류하는 것과 같습니다.
그러나, 자아를 깨려고 하는 노력을 시작한다면, 진정한 내면의 목소리가 들리기 시작합니다. 내 안의 신성한 지혜가 '나의 길'을 분명하게 제시해 줄 것입니다. 더는 타인의 기준이나 외부의 압력에 흔들리지 않고, 오직 내면의 이끌림에 따라 묵묵히 나의 길을 갈 수 있게 되는 것입니다. 이것은 단순히 '나'만을 위한 길은 아닙니다. 우리 모두 각자 올바른 기준점을 잡아 묵묵히 자신의 길을 갈 때, 타인과도 함께 세상을 바르게 만드는 역할을 할 수 있습니다. 인간으로 태어나 인간의 길(道)을 간다는 것은 세상의 모든 것과 소통할 수 있다는 의미이기도 합니다. 자아를 벗어 버리고 각자가 진정한 '나'를 찾아 자기완성을 이루는 행동이야말로 인류 전체가 한 차원 더 높은 길로 나아가게 될 것이기 때문입니다.

한 개인이 스스로 빛을 발할 때, 그 빛은 주변으로 퍼져나가 세상을 환히 비출 수 있게 됩니다. 내가 중심이 되어 나의 고유한 길을 걸어갈 때, 비로소 나는 이 세상에서 가장 의미 있는 기여를 할 수 있는 더 높고 더 큰 홍익인간(弘益人間)의 생각을 가진 존재가 될 수 있을 것입니다.
이제 자아라는 짙은 그림자를 걷어내기만 하면 됩니다.

2 '진짜 나'는 과연 누구인가?

흔히 사람들이 말하는 '자아'는 세상에 태어나 성장하면서 겪은 경험, 그리고 주변 환경이 만들어 낸 일시적인 껍데기입니다. 진정한 '나'의 존재는 이렇게 만들어진 껍데기를 초월한 영원하고, 변하지 않는 본질적인 존재입니다. 이런 진정한 '나'의 존재를 가리켜 '영혼', '참나', '본성', 혹은 '신성'이라 부르기도 합니다. 이런 존재가 된다면 시간과 공간의 제약을 받지 않으며, 시작도 끝도 없는 순수한 의식 상태 또는 에너지의 상태가 되는 것입니다.

이 개념은 특정 단체나 특정 종교의 교리가 아니며, 오히려, 종교적 개념조차 넘어선 보편적이고 초월적인 진리에 가까워질 수 있습니다. 육신이라는 옷을 입기 이전에도 우리는 이미 존재했었고, 육신의 옷을 벗어던진 후에도 계속해서 존재하게 될 순수한 의식 자체입니다. 연극배우가 연기 커리큘럼에 따라 다양한 배역을 맡아 연기를 해도 그 배우의 본질은 변하지 않는 것과 마찬가지입니다. 수없이 많은 '자아'라는 역할을 연기하지만, 그 역할을 하는 궁극적인 '나'는 어디에 어떻게 존재하는 것일까요? 변하지 않는 것이 있다면 그것은 불생불멸(不生不滅)의 존재가 아닐까요?

'나는 영원히 존재한다'는 믿음으로 사는 사람은 현실적인 삶의 태도에도 많은 영향을 미칠 수밖에 없습니다. '영생'(永生)이 존재한다고 굳게 믿는 사람과 인생은 현생에서 단 한 번의 존재로 끝나는 것이라고 생각하는 사람 중에 바로 지금의 삶을 사는 데 있어서 좀 더 나에게 유익할 것 같다고 생각할 수 있는 삶의 방식은 과연 어느 쪽일까요?

사실, '유익하다'라는 기준은 개인적 가치관과 주관적인 판단 기준에 따라 사람마다 많이 달라질 수도 있을 것입니다. 영원히 산다는 것이 누구에게나 모두에게 좋은 일로만 생각되지 않을 수도 있기 때문입니다. 영원히 존재한다는 것이 어느 누군가에게는 끔찍한 일이 될 수도 있을 것이고, 또 다른 누군가에게는 꼭 이루어 내고 싶은 염원이 될 수도 있을 것입니다. 어차피 선택은 각자의 몫이지만 한 번쯤은 깊게 생각해 볼 화두인 것만은 분명한 것 같습니다.

'영생이 존재한다고 생각하는 것 자체가 말도 안 되는 상상에 불과한 것이다'라고 생각하거나 '영생이 존재하는지 안 하는지 관심조차 없다'라는 생각을 '영생은 반드시 있을 것이다'라고 바꾸어 가정해 생각해 본다고 했을 때, 나의 삶은 어떻게 달라질까요? 그리고 나는 지금 무엇을 해야 할까요?

영생을 믿는 사람은 죽음에 대한 근원적인 두려움으로부터 훨씬 자유로워질 수 있습니다. 육신의 죽음은 끝이 아니라, 또 다른 시작임을 이해하고 확실히 그렇다고 가정하여 생각해 보세요. 죽음이라는 두려움이 줄어들면, 삶을 더 당당하게 도전하며 살 수 있게 되고, 실패를 두려워하지 않을 수 있으며, 진정으로 자신이 하고 싶은 일을 향해 나아갈 용기를 얻게 될 수 있습니다.

'지금의 삶이 전부는 아니다'라는 인식은 오히려 현재의 삶에 더 깊은 의미를 부여할 수 있습니다. 단지 육체적 욕망이나 사회적 성공만을 쫓아 인생을 사는 것이 아니라, 자기완성, 영적인 성장, 타인과의 진정한 연결 등 삶의 본질적인 가치에도 집중하게 될 것이기 때문입니다. 이것은 삶의 질을 근본적으로 향상하는 데도 기여할 수 있습니다.

영원한 존재로서 자신을 인식하게 되면, 이번 생에서 이룬 성취가 끝이 아니라 영원한 여정의 한 부분임을 깨닫게 됩니다. 죽음과 동시에 모든 것이 끝난다고 생각하며 사는 모습과 지금의 모습이 영원히 존속될 것이라고 생각하며 사는 모습 중 어느 생각이 좀 더 완성된 모습으로 살아가게 될 것 같은가요? 영원한 존재로서의 자신을 인식할 수 있다는 것은 더 나은 자신으로 발전하려는 동기를 부여합니다. 작은 실패나 좌절에도 쉽게 무너지지 않고, 긴 호흡으로 삶을 바라보게 될 것입니다.

반대로, 지금의 생이 마지막이라고 믿는 사람은 '지금 당장'의 만족과 성과에 매몰되거나, 죽음이라는 종말적 상황 앞에서 허무주의에 빠질 위험이 있습니다. 물론 순간의 몰입과 성취를 통해 삶의 의미를 찾을 수도 있지만, 궁극적인 존재의 의미에 대한 갈증은 해소되기 어려울 수 있습니다.

진정한 나를 찾는 여정에서 '영생'은 그리 먼 이야기가 아닙니다. '진아'(眞我)로서의 내 존재를 알게 될 때, 우리의 삶은 근본적인 변화를 시작할 것입니다. 진정한 나를 찾는다는 것은 어느 곳으로 갈지 몰라 방향성을 잃고 표류하던 배가 나침반과 목적지를 정확히 인지하고 그 목표를 향해 나아가는 것과도 같은 것입니다.

'자아'의 삶은 타인의 시선 때문에 또는, 사회적 보편적 기준이라는 불분명한 '목적지'를 향해 달려가고 있는 것과 같습니다. 하지만 진아를 알게 되면 더는 '무엇을 해야 할지 모르겠다'는 방황의 시련이 사라지게 집니다. 지금 이 순간 '내가 해야 할 일'이 무엇인지를 명확하게 인식할 수 있게 됩니다. 여기서 '해야 할 일'이란 단지 생계를 위한 일분만을 의미하는 것이 아니라, 내 삶의 목적지와 방향성에 부합하는 의미 있는 행동을 뜻하는 것입니다. 이런 사고와 행동은 삶에 대한 깊은 책임감과 함께, 내가 세상에 존재해야 하는 이유를 느끼게 해주는 강력한 동기 부여가 될 것입니다. 즉, 나의 존재 목적을 통찰하여 깊이 깨닫고, 그에 맞추어 올바르게 행동할 수 있게 됩니다.

자아는 주변 상황과 감정에 따라 이리저리 흔들리지만, 진아는 우리에게 흔들리지 않는 확고한 방향성을 제시하여 줍니다. 별빛조차 없는 어두운 망망대해에 반짝이며 길잡이가 되어주는 등대 같은 것입니다. 내면의 목소리에 귀 기울이게 되면, 진정으로 나에게 필요한 것이 무엇인지, 어떤 선택이 나의 영적 성장에 도움이 되는지 명확하게 알 수 있게 됩니다. 스스로 자신이 누구인지 정확히 알게 되면 인생의 중요한 갈림길에서 현명한 결정을 내리는 데도 큰 도움이 될 것입니다.

'믿는다'라는 생각은 단순히 어떤 사실을 머리로 안다는 것을 넘어서는 것입니다. 그것은 마음 깊이 받아들이고, 완전히 신뢰하며, 소망하는 것이 이미 이루어졌음을 확신하는 상태를 의미합니다. 그리고 이러한 '믿음'은 현대 과학, 특히 양자역학의 관점에서도 놀라울 정도로 명료하게 설명해주고 있습니다.

'양자역학'은 아주 작은 미시 세계의 물리적 현상을 다루는 학문입니다. 양자역학 이론에는 몇 가지 핵심적인 개념이 있는데, 그중 '관찰자 효과'와 '파동 입자 이중성'은 우리의 믿음이 현실에 미치는 영향과 깊은 연관성이 있음을 증명해 줍니다.

양자역학에 따르면, 미시 세계의 입자들은 우리가 관찰하기 전에는 불확실한 '파동'의 상태로 존재하다가, 관찰하는 순간 불확실한 '파동'은 '입자'로 변화하게 됩니다. 즉, 우리의 '의식적인 관찰'이 현실을 형성하는 데 영향을 미친다는 것입니다. 이를 확장하여 생각하면, 우리가 어떤 현실을 강하게 믿고, 관찰하고 집중할 때, 비로소 그 믿음이 현실로 구체화될 가능성이 높아진다고 해석할 수 있다는 것입니다. '나는 성공할 수 있어'라고 진실로 굳게 믿으면, 그 믿음이 현실을 성공의 방향으로 이끌어간다는 것입니다.

양자역학 이론에서 모든 물질은 에너지로 이루어져 있으며, 각 에너지는 고유한 진동수를 갖는다고 설명합니다. 긍정적인 생각과 강한 믿음은 높은 진동수를 만들어내고, 이는 유사한 진동수를 가진 긍정적인 경험과 기회를 우리 삶으로 끌어당긴 다는 이론입니다. 즉, 믿음은 일종의 에너지 진동을 발생시켜 우리가 원하는 것을 끌어당기는 자석과 같은 역할을 하는 것입니다. 따라서 '믿는 만큼 이루어질 수 있다'라는 말은 단순히 정신적인 격려에 그치는 것이 아니라, 양자역학이 보여주는 우주의 작동 원리와도 연결되는 심오한 진리일 수 있습니다. 우리가 진정으로 믿고 확신하는 만큼, 그 믿음이 현실을 창조하는 강력한 힘으로 작용하게 되는 것입니다. 다시 말하면, 우리가 보는 세상은 허상일 수도 있음을 나타내는 것입니다.

진아로서의 나를 발견하고, 영원한 존재의 힘을 믿을 때, 우리는 원하는 삶을 현실로 만들어 낼 수 있는 무한한 잠재력의 가능성을 발견하게 될 것입니다. 영생을 현실에서 만들고 이루어지기를 원한다면, 영생이 존재한다는 사실을 믿어보는 것도 하나의 방법이 될 것입니다.

영원한 삶을 산다는 말의 의미는 연속적인 점들의 연결선과도 같이 끝없이 이어지는 단순한 시간적 흐름을 넘어서는 개념입니다. 그것은 지금 이 순간의 '나'라는 존재가 영원히 지속될 수 있다는 심오한 진실이 담긴 의미가 있습니다. 이 가설을 마주하고 자연스럽게 지금의 내 모습을 돌아보기를 바랍니다. 어떤가요? 지금의 당신 모습은 만족스러운가요? 불완전하고, 나약하고, 때로는 어리석다고까지 느껴지는 모습 그대로, 영원히 존재한다고 상상해 보세요. 생각만으로도 아찔하고 끔찍하게 느껴질지 모릅니다. 최소한 현재보다는 완벽한 삶을 추구하고, 지금보다는 조금이라도 더 나은 존재가 되고 싶어 하는 본능적인 갈망은 인간 누구나 가지고 있는 욕구입니다.

만약, 내가 지금 상태로 영원히 존재하게 된다면, 그 삶은 축복이 아닌 고통스러운 삶이 될 것이라고 느끼는 사람도 있을 것입니다.

'진정한 행복'은 만족을 위해 욕구를 채우는 것이 아니라 많이 비우는 것입니다. 인간이 무엇이 되느냐가 아닌, 이미 되어 있던 인간의 존재를 알고 그것을 누리고 감사해하는 것입니다. 이 사실을 안다는 것 자체가 나의 완성에 중요한 단서가 될 수 있습니다. 우리 인생은 단지 즐거움만을 쫓는 존재가 아니라, 깨어나는 완성을 해야 하는 존재입니다. 그리고 완성을 이루는 방법은 삶을 어떻게 인식하는가 하는 태도에 달려있습니다. 좋고 나쁨, 옳고 그름, 성공과 실패, 행복과 불행, 삶과 죽음 등으로 생각할 수 있는 이분법적 생각은 세상의 모든 이치를 서로 대립하고 반목하며, 비교되는 상대적인 개념으로 보게 됩니다. 우리는 이런 이분법적 상대 세계 속에서 수많은 경험을 하고 배우며 성장해 왔습니다. '자아'는 바로 이런 단편적인 이분법적 상대 세계의 산물이며, 끊임없이 비교하고 판단하며 자신을 정의하려 한다는 사실입니다.

하지만, 우리의 궁극적인 목적지는 상대성조차 초월한 더 큰 세계에 있습니다. 좋고 나쁨의 구분은 사라지고, 모든 것이 하나로 연결되어 있음을 깨닫게 되는 통합의 영역입니다. 이것은 단순히 죽음 이후의 세계만을 의미하지는 않습니다. 지금 이 순간, 우리가 의식을 확장하고 자아의 한계를 넘어설 때라야 비로소 경험할 수 있게 되는 내면의 상태인 것입니다.

육체를 지닌 상태로 상대 세계에서 경험하고 배우는 경험은, 순수한 '영'(靈)의 상태로서는 얻을 수 없는 독특하고 깊이 있는 또 다른 성장의 기회를 얻을 수 있습니다.

많은 철학적, 영적 가르침을 말씀하시는 분 중에는 전생에서 다 이루지 못한 업(業)의 완성을 이번 생을 통해서 계속 이어 나가야 한다고 주장하는 사람도 있습니다. 영성은 이루어야 할 것을 이루지 못한 것에 대한 내가 느끼는 괴로움이며 끝내 고 싶어하는 열망입니다.

그래서 자신을 완성하고 더 높은 차원의 존재로 나아가기 위한 절호의 기회인 것입니다.

전생에서 우리가 이루지 못했던 깨달음, 극복하지 못했던 두려움, 완성하지 못했던 사랑이나 지혜가 있다면, 이번 생의 육체적 경험을 통해 그것을 다시 마주하고 해결할 수 있는 기회가 주어진 것입니다. 자아의 껍데기를 깨고 진정한 나를 만나는 과정은 바로 이 전생에서의 미완성된 과업을 완성하고, 우리 자신을 원래의 상태로 온전히 발현하는 과정입니다.

이런 관점에서 본다면, 우리가 겪는 삶 속에서의 어려움이나 고통조차 단순한 불행이 아니라, 성장을 위한 소중한 기회라는 생각마저 하게 됩니다. 불편한 상황과 어려운 관계 속에서 자아의 그림자를 발견하고, 그것을 넘어설 때 비로소 진정한 자유와 완성을 향해 한 걸음 더 나아갈 수가 있게 될 것입니다.

결국, 영원한 존재로서의 '나'는 육체적 삶의 어느 한순간을 통해 궁극적인 완성이라는 인간 본연의 목적을 향해 순항하고 있는 것입니다. 이런 인식을 바탕으로, 우리는 지금부터 나만의 빛으로 그 빛이 더욱 밝게 비추어질 수 있도록 실현하는 삶을 살아야 합니다.

우리 안에 이미 존재하고 있는 '신성'(神性)과 '본성'(本性)을 굳이 멀리 다른 외부에서 찾아 헤맬 필요는 없습니다. 그 신성은 바로 내 안, 가장 깊은 곳에 이미 존재하고 있기 때문입니다. 세상에 존재하고 있는 어떤 종교 시설이나 특정 장소에 있는 것이 아니라, 바로 당신의 가슴속에, 당신의 의식 속에, 당신의 존재 자체에 내재되어 있는 것입니다.

그러나, 안타깝게도 너무나 많은 '자아'라는 껍데기들이 신성인 본성을 가리고 있어 우리는 그것을 발견하지 못하고 있을 뿐입니다. 타인의 시선을 의식하고 과거의 그릇된 경험이라는 필터를 통해 세상을 바라보고 인식하며 고통스러운 삶을 살고 있는 것입니다. 보물이 가득 담긴 상자를 이미 지니고 있으면서도, 그 상자가 낡은 먼지투성이에 덮여 있어 보물의 실체를 모르고 있는 것과도 같습니다. 이 보물 상자를 뒤덮고 있는 먼지들이 바로 우리의 고통과 방황의 원인입니다.

자기 존재를 찾기 위한 자아의 알아차림이 필요합니다.
겹겹이 쌓인 먼지와도 같은 자아의 껍데기를 벗어내고 진정한 나의 본질적인 존재를 만나기 위하여 자아 깨기는 필요합니다. 그렇다면 왜 자아를 깨는 것이 큰 가치가 있는 행위일까요? '자아'의 껍데기에 갇혀 있을 때 우리는 외부의 인정에 목마르고, 비난에 상처받으며, 끊임없이 비교하고 비교당하며,

판단하는 삶을 살아갑니다. 하지만, 내재되어 있는 나의 진짜 '나'를 만나게 되면 어떠한 외부적 요인에도 흔들리지 않는 내면의 평화와 자유를 얻을 수 있게 됩니다.

'나' 자신이라고 믿었던 모든 것이 사실은 내가 아님을 깨닫게 될 때, 우리는 많이 혼란스러울 수 있습니다. 하지만, 그 혼란조차 넘어설 때, 비로소 변치 않는 영원한 나의 본질을 발견하는 기쁨과 경이로움을 느낄 수 있게 될 것입니다. 이것이 진정한 '나'로 사는 삶의 시작점입니다.

'진정한 나'를 만나는 것은 곧 내 안의 신성, 즉, 우주와 연결된 나를 만나는 일입니다. 이때 우주 만물과 내가 분리되어 있지 않다고 느낄 때 깊은 연결성과 동질감을 느낄 수 있을 것입니다. 이런 의식은 종교를 초월한 표현으로는 '신과의 합일' 또는 '본성의 깨달음'이라고 표현하는 것입니다.

내가 '진정한 나'와 하나 될 때는 내면에 존재하는 엄청난 에너지를 느낄 수 있게 되며, 그 에너지가 만드는 힘은 '창조' 그 자체입니다.

창조는 새로운 것이 아니라, 자아에서 '참나'로 깨어나게 되면서, 자아로서는 보지 못한 세계를 꺼내 보게 되는 것인데, 비로소 이때 '광명'(光明)이 보이게 되기 시작하는 것입니다.

우리가 인식하는 모든 현실은 결국 우리의 의식과 믿음의 반영입니다. 자아에 갇혀 있을 때는 두려움과 결핍에 근거하여 현실을 창조하지만, 진정한 나와 하나가 될 때는 사랑과 풍요, 그리고 무한한 가능성에 근거한 현실을 만들어 낼 수 있습니다. 내가 누구인지, 무엇을 할 수 있는지에 대한 제한이 사라지면서, 잠재되어 있던 창조적 에너지가 무한히 발휘되는 것입니다. 자아와 참 나는 서로 양립하여 존재하기는 어려운 것입니다.

우리의 단군 신화는 우리가 얼마나 신령한 존재였는지를 상징적으로 보여줍니다. 하늘에서 내려온 '환웅'의 후예인 우리는 본래 '하늘의 사람'이었음을 전하고 있습니다. 이는 우리가 육체를 가진 존재 이전에, 이미 신성한 본질을 가진 영적인 존재였음을 암시하는 것입니다.

하지만, 우리는 자아의 껍데기에 묶여, 내면에서 울려 퍼지는 '하늘의 목소리'인 본성의 음성을 제대로 듣지 못하고 간과한 채 살아왔습니다. 그 결과, 우리는 영원한 존재임에도 불구하고 육체적 욕망과 육체적 피로에 지쳐 '육신의 노예'처럼 살아가고 있습니다. 물질적인 것에 얽매이고, 외부의 평가에 휘둘리며, 진정한 나의 가치를 잊은 채 힘든 삶을 이어가고 있는 것입니다.

이제는 그만, 욕망에 사로잡혀 육신과 물질만을 쫓는 삶을 놓아줄 때입니다. 인간은 영적인 존재이며, 신령한 자리, 즉 나의 본성이 있는 곳으로 돌아가는 것이 가장 편안하고 진정한 '나'라는 존재가 있어야 하는 자리입니다.

이런 문제는 단지 현실에서 도피한다거나 나의 육신을 부정한다는 의미를 뜻하는 것이 아닙니다. 오히려 육체를 존중하면서도, 육체를 통해 영적인 성장을 이루는 것을 말합니다. 내 안의 신성을 회복할 때, 우리는 비로소 삶의 진정한 의미와 평화를 찾게 될 것입니다. 더는 불안과 고통에 휘둘리지 않고, 오직 내면의 평화와 충만함 속에서 살아가게 될 것입니다. 이런 내가 바라보는 세상은 평화롭고 감사함으로 주변을 대하게 됩니다. 우리가 본래 어떤 존재였는지를 찾아내야 하는 어려운 과제가 내 앞에 놓여 있지만, 원래의 나로 돌아가는 연습을 하다보면 이런 과제는 언젠가 자연스럽게 해결 가능한 것입니다.

3 깨달음으로 가는 첫걸음

현대 사회에 사는 우리는 수많은 지식과 정보의 홍수 속에 살아가고 있습니다. 각종 도서, 잡지, SNS, 인터넷, 소셜 미디어, 뉴스, 심지어 주변 사람들에게 구전으로 전해 듣는 근거도 없는 소문까지, 매 순간 엄청난 양의 정보가 우리에게 직, 간접적으로 쏟아져 들어옵니다. 이런 종류의 지식은 내, 외부에서 유입되는 것이며, 때로는 우리를 더 똑똑하고 유능하게 만들어 우리를 지식적으로 돋보이게 하는 역할을 하기도 합니다. 하지만, 그와 반대로 우리의 올바른 정신과 판단을 흐리게 할 수 있는 수단이 되기도 합니다. 외부의 지식과 정보가 과도하게 많아지고 또 전적으로 그런 정보에 기대고 의지하게 되면, 외적 정보에 갇히게 되어 진짜 내 안의 소리를 분별하지 못하게 되는 상황이 발생합니다. 마치, 수많은 그림이 걸려 있는 전시관을 찾아 작품이 멋지다며 감탄사를 연발하면서도, 정작 전시관 밖의 찬란하고 황홀한 자태로 떠 있는 태양은 보지 못하는 것과도 같은 것입니다.

'깨달음'이란 내 안으로부터 나오는 것입니다. 깨달음은 외부로부터 주입되는 포괄적 정보와 지식이 아니라, 우리 존재 가장 깊숙한 곳에서 스스로 피어나는 현명한 통찰력 같은 것입니다. 가끔 아무 생각 없이 무심한 상태로 있기만 했는데, 문득 번득이는 아이디어가 떠오르는 경험이 누구에게나 있는 것과도 같은 것입니다. 또한 '깨달음'은 깜깜한 어둠 속에서 전등 스위치를 켜지 않았는데도 스스로 빛을 내는 야광 같은 것이기도 합니다. 우리의 의식을 깨우고, '나'라는 존재를 있는 그대로 이해해야 도달할 수 있는 세계입니다.

그렇다면, 어떻게 해야 내면의 깨달음을 발견할 수 있을까요? 우선, 가장 먼저 해 볼 수 있는 일은 외부 세계가 '나의 세계'로 너무 깊이 들어오지 못하도록 '차단'하도록 시도해 보는 것입니다. 이것이 세상을 등지고 산속에 들어가 은둔 생활을 하라는 말은 아닙니다. 외부의 소음, 끊임없는 자극, 타인의 시선, 그리고 물질적인 욕망으로부터 내면의 공간을 의식적으로 보호하고 지키는 연습을 해보는 것을 의미합니다. 눈을 감고 그저 내 안에 있는 빛을 고요히 바라보는 것입니다.

잠자리에 들기 1시간 전에는 스마트 기기를 멀리하는 것이 좋습니다. 시간을 정해 두고, 잠시 소셜 미디어 알림을 끄거나, 일과 후 아주 급한 업무가 아니라면 일과 관련된 메시지를 확인하지 않는 것, 즉 의도적으로 외부 요인을 차단하는 것도 그중 한 방법입니다. 처음에는 불안하고 외부의 소식이 궁금

하여 다소 심심하다고 느껴질 수도 있지만, 이런 환경이 익숙해지면 점차 내면이 고요해지는 것을 느낄 수 있게 될 것입니다. 하루 일과시간 중 단 10분 만이라도 오롯이 '나'만을 위한 시간을 마련해 보길 바랍니다. 평소에 좋아하는 차분한 음악을 듣거나, 차 한 잔을 음미하면서 마시거나, 그저 창밖을 멍하니 바라보는 것만으로도 좋습니다. 이 시간 동안만큼은 외부의 방해 없이 자신의 내면과 연결될 수 있습니다. 이러한 '차단'은 문을 닫아 외부 소음을 줄이고 방 안의 소리에 집중하는 것과도 같으며 이렇게 외부로부터의 자극이 줄어들면, 우리의 의식은 자연스럽게 외부가 아닌 내부로 향하게 될 것입니다.

외부의 소음이 줄어들었다면, 이제 좀 더 깊이 '나 자신과의 관찰과 탐색'의 시간을 가져볼 수 있습니다. 깨달음에 이르기 위해서는 자신의 생각, 감정, 행동 패턴을 솔직하고 객관적으로 바라보는 연습이 필요합니다. 그런데, 정작 그동안의 우리는 감정에 휩쓸리거나 생각을 맹목적으로 따라가는 데에만 급급했었습니다. 깨달음은 모든 것을 한 발짝 떨어져서 '바라보는' 능력에서 시작됩니다. '나'를 '너'로 보게 되는 것입니다. 화나거나 슬프거나 불안한 감정이 든다면 감정을 있는 그대로 종이에 적어 보는 연습을 해 보기 바랍니다.

감정을 그냥 있는 그대로 보는 것입니다.

조용히 눈을 감고 앉아보세요. 머릿속으로 삐죽삐죽 스쳐 지나가는 생각을 그저 바라만 봅니다. 어떤 생각을 하든지 간에 판단하거나 붙잡으려고 하지 말고, '내가 지금 이런 생각을 하고 있구나'라고 알아차리는 것만으로도 충분합니다. 마치 강물에 떠내려가는 나뭇잎을 하염없이 바라보듯이 그냥 그렇게 생각을 흘려보내는 것입니다.

깨달음은 특정한 명상 센터나 깊은 산속에 가야만 얻을 수 있는 것이 아닙니다. '알아차리는 고요함'을 지금의 일상 속에서 찾고, 누리는 것이 더욱 중요합니다. 우리 육신인 몸은 나의 의식을 한층 높이기 위한 소중한 기회입니다. 일상적인 생활 속에서 의식이 깨어있도록 유지하려고 노력해야 합니다.

걷는 동안은 오직 발이 땅에 닿는 감각, 주변의 소리, 바람의 느낌에 집중합니다. 과거의 후회나 미래의 걱정 대신, '지금 이 순간'에 온전히 머무는 연습입니다. 이렇게 하면, 걷기는 이동의 목적이 아닌, 깊은 알아차림의 시간이 될 수 있습니다.

식사할 때 스마트폰이나 TV를 끄고, 음식의 맛, 향기, 재료의

질감에 몰입하고 집중해 보세요. 한 입 한 입 음미하며, 음식이 나에게 오는 과정을 생각하며 감사함도 느껴봅니다. 이렇게 작은 습관들이 우리의 의식을 '지금 여기'로 데리고 올 수 있습니다.

누군가와 대화할 때, 상대방의 말을 끝까지 경청한 후 나의 반응(자아의 반응)을 알아차려 보세요. 상대방의 말에 즉각적으로 판단하거나 끼어들기보다는, 그저 상대방의 이야기를 묵묵히 받아들이는 연습을 하는 것입니다. 이런 방법은 대화의 질을 높일 뿐만 아니라, 내면의 고요함을 유지하는 데도 큰 도움이 됩니다.

이렇게 '알아차림'을 일상생활에서 연습하는 이유는 '이거다'라고 확신하기에는 못내 아쉽거나, 애매한 것 같은 상황에서 깜빡거리는 나의 의식세계에 환한 전등불을 밝히는 것과도 같은 것이기 때문입니다. 순간순간 작은 의식을 느낄 수 있을 때, 우리는 생각의 소음에서 벗어나서 고요함 속에 머물 수 있게 되며, 그런 고요함 속에서 진정한 나의 소리는 더욱 또렷하고 선명하게 들리기 시작할 것입니다. 또한, 상대방의 마음도 깊이 이해하고 헤아릴 수 있게도 될 것입니다.
현대 사회에서는 인공지능의 비약적 발전으로 지식적 데이터를 매우 잘 정리해 주는 세상이 되었습니다. 방대한 정보를 짧은 시간 동안 데이터화하고 분석하여, 필요한 지식을 클라이언트에게 제공하는 인공 지능의 능력은 우리의 사고방식과 인지 기능의 구조 자체를 바꾸고 있습니다. 이 말은 곧, 앞으로의 시대는 단순히 더 많은 지식을 머릿속에 축적하는 것이 주된 목표는 아니게 되었다는 사실을 의미하는 것입니다. 지식은 그저 도구일 뿐, 지식 자체가 '나'를 완성 시켜 주지는 못하게 된다는 의미이기도 합니다. 그렇기에, 이제는 지식의 세계를 뛰어넘고, 외부로부터 유입되는 자극과 정보 때문에 우리의 논리적 사고마저 멈추는 시대가 왔을 때, 마음껏 발휘할 수 있는 내면의 직관, 영적인 통찰, 그리고 우주의 근원적인 지혜를 통한 새로운 빛을 만들어 낼 수 있는 능력을 갖추어야만 합니다. 그리고 이런 능력을 갖추기 위하여, 지식적 기능은 다소 부족할지라도 머리가 아닌 가슴으로 느끼는 진실과 어떤 논리나 데이터로도 설명할 수 없는 깊은 영적인 알아차림의 능력을 갖추어야 하는 것입니다.

깊은 숲이나 고요한 바닷가 혹은, 조용한 공원에서 자연의 소리에 귀 기울여보세요. 새소리, 바람 소리, 파도 소리 외에는 아무것도 생각하지 않고 생각할 필요도 없이 그저 존재하는 것을 느껴 보는 것입니다. 이런 순간 우리는 외부의 '전원'이

꺼진 상태가 되어 내면의 깊은 울림을 들을 수 있게 될 것입니다.

그림 그리기, 악기 연주, 글쓰기, 뜨개질 등 자신이 좋아하는 창조적인 활동에 집중하여 몰입해 보세요. 시간 가는 줄 모르며, 창조적 취미활동에 몰입하게 될 때, 우리는 의식적인 사고를 넘어서는 무의식적이고 직관적인 흐름 속으로 들어가게 것이며 이 순간에도 역시, 내면의 빛이 자연스럽게 발현될 수 있습니다.

우리가 자아의 껍데기를 벗고 진정한 자기의 본성을 만나게 될 때, 외부의 지식이나 정보에 의존하지 않고도 스스로 빛을 발하는 존재가 됩니다. 어둠 속에서도 빛을 잃지 않는 등대처럼, 우리는 내면의 빛으로 길을 밝히며 세상에 긍정적인 영향을 미칠 수 있는 존재가 될 것입니다. 이것이 바로 '자아깨기'를 통해 우리가 도달하게 될 궁극적인 상태이자, 영원한 존재로서 우리가 추구해 나가야 할 길입니다. 그리하여 우리는 정보와 지식의 바다를 뛰어넘어, 내면의 깊은 샘에서 솟아나는 생명수와도 같은 깨달음으로 영롱하게 빛나는 존재가 될 수 있습니다.

깨달음은 외부에서 획득하는 지식이 아니라, 내면의 고요함과 깊은 알아차림을 통해 자연스럽게 피어나는 빛입니다. 조용히, 조심히, 그리고 천천히 나의 내면으로 걸어갈 때, 우리는 가장 빠른 속도로 진정한 나를 만나게 될 것입니다.

끔찍했던 과거로부터 벗어 날 수 있다면 얼마나 좋을까? 과거는 우리를 만들었고, 때로는 그림자처럼 따라다니며 현재의 삶에도 매우 크게 영향을 미칩니다. 어느 순간, 아무리 발버둥 치고, 잊으려 해도 과거의 굴레에서 완전히 벗어나기 어렵다고 느끼는 순간이 찾아옵니다. 그렇다면 우리가 진정으로 벗어나야 할 것은 '과거' 그 자체가 아니라, '과거에 대한 집착'과 '과거를 인식하는 힘'일 것입니다. 오히려 나에게 영향을 주어야 할 것은 과거가 아닌 미래일 수 있습니다.

우리의 경험은 언제나 '상대'가 있어야 존재하는 것입니다. 누군가와 대화도 하고, 어떤 사건을 겪고, 특정 환경에 놓이면서 우리는 비로소 '경험'이란 것을 하게 됩니다. 상대가 없는 세상에서 '나'를 찾는다는 것이 과연 가능한 것인가? 하는 의문을 가질 수 있습니다. 하지만 여기서 말하는 '상대'는 단순히 외부의 사람이나 사물만을 의미하지는 않습니다. 상대는 바로 '내가 만들어내는 형상'일 수도 있는 것입니다.

우리가 어떤 형상을 만들어 내고 있는가에 따라 관점을 다르게 인식하는 시각과 다양성을 경험하고 있다는 반증입니다. 두려움의 에너지를 만들어 낼 때, 세상은 온통 위협적인 것으로 가득해 보이며, 사랑의 에너지를 만들어 낼 때, 세상 모든 것이 따뜻하고 아름답게 느껴지는 것입니다. 경험은 '자기 인식'으로부터 만들어지는 것입니다. 내가 자기 자신을 어떻게 인식하느냐에 따라 외부의 상대와 관계 맺는 방식, 그리고 그로 인하여 파생되는 경험도 달라지게 되는 것입니다. 결국, 지금 내가 살고 있는 세상은 모두가 '내가 만든 세상'입니다. 내 안의 에너지와 자기 인식이 투영되어 외부 현실로 나타난 것이 내가 지금 사는 방식인 것입니다. 그런데 우리는 '내가 만드는 세상'의 원리조차 모른 채, 외부의 '상대'와 함께 만들어진 경험을 '나'라고 굳게 믿으며 살아왔습니다. 과거의 내가 어떤 경험을 했고, 어떤 관계를 맺었는지가 곧 '나 자신'이라 착각하며 살아온 것입니다. 이제 그 착각의 끈을 놓아줄 때가 되었습니다. 과거의 나, 즉 '상대와 만든 경험으로 이루어진 나'라는 인식을 조금씩 내려놓는 방법은 바로 가장 처음의 시작이었던 태초의 나에게 집중하는 것입니다. 상대가 있기 전의 순수한 나로 돌아가는 연습을 통해 우리는 과거의 굴레에서 벗어나 진정한 자유를 찾을 수 있을 것입니다. 과거를 과거인 채로 자연스럽게 놓아 주지 못하고, 어떤 지점에 늘 얽매여 머물러 있지는 않나요? 우리가 과거에서 벗어나지 못하는 이유는 대부분 과거의 경험이 만들어 낸 생각, 감정, 신념, 패턴 때문입니다. 이것을 먼저 인식하는 것이 중요한 과제입니다.

직장인 K 씨는 과거 사업 실패에 대한 경험 때문에 새로운 것에 도전하는 것이 두렵습니다. '또 실패하면 어쩌지?'라는 생각이 끊임없이 그의 발목을 잡았습니다. 그는 이 두려움이 단순히 과거의 '사실'이 아니라, '실패'가 자신을 정의한다고 믿는 '자아의 에너지'임을 인식하기 시작했습니다. 그는 실패가 나를 약하게 만든다는 생각을 내려놓고, 실패는 단순히 '경험'일뿐임을 받아들이는 연습을 했습니다.

학창 시절 친구들에게 놀림을 받았던 경험이 있는 L 씨는 성인이 되어서도 사람들 앞에서 자신을 드러내는 것을 몹시 힘들어했습니다. '남들이 나를 비웃으면 어쩌지?'라는 불안감에 시달렸습니다. 그녀는 이런 불안감이 과거의 '상대'로부터 주입된 에너지가 계속해서 자신이 스스로 만들어내고 있다는 사실을 깨닫게 되었습니다. 그녀는 타인의 시선 따위가 곧 자신을 정의하지는 않는다는 점을 자신에게 끊임없이 상기시켰습니다. 스스로가 보는 나의 정의는 매우 중요합니다.

나를 괴롭히는 부정적인 생각이나 행동 패턴이 있다면, 그것이 과거에 어떤 경험으로부터 시작되었는지를 직접 곰곰이 생각하고 적어보세요. 정확히 기억나지 않더라도 희미하게 느껴지는 무의식에까지 도달할 수 있도록 시도하여 몇 번의 노력만으로 원하는 지점에 도달할 수 있다면 좋겠지만, 생각 보다 잘되지 않을 때는 조금 더 시간이 필요할 수도 있을 것입니다.

명상가 K 씨는 명상 중에 자신의 생각, 감정, 육체적 감각, 심지어는 시간과 공간의 개념까지도 모두 사라진 듯한 경험을 했습니다. 그 순간, 그 어떤 '상대'도 없이 오직 순수한 '존재'만이 남아있음을 느꼈습니다. 그 경험은 그녀에게 과거의 어떤 것도 자신을 정의할 수 없다는 깊은 평화와 자유를 가져다주었습니다.

미술가 C 씨는 그림을 그릴 때나 숲속을 걸을 때, 자신과 자연이 하나가 되는 듯한 깊은 몰입감을 느꼈습니다. 순간, 다른 사람들의 평가나 세상의 잡음이 사라지고, 오직 자신과 자연만이 순수하게 존재하는 것 같았습니다. 그녀는 이 순간이 바로 '상대 없는 나'를 경험하는 소중한 시간이라고 말합니다.

조용한 공간에서 편안하게 앉거나 눕습니다. 숨을 깊게 들이쉬고 내쉬면서 몸의 긴장을 이완합니다. 그리고 마음속으로 '나는 아무것도 아니다', '나는 아무것도 소유하지 않았다', '나는 아무도 아니다'라는 생각들을 반복해 봅니다. 모든 상대적인 개념을 내려놓고, 오직 순수한 '존재함'만을 느껴보려 합니다. 처음에는 어려울 수 있지만, 꾸준히 연습하면 뜨거운 에너지가 느껴지며 평화로운 느낌의 경험을 할 수 있게 될 것입니다.

앞서 우리는 '상대'란 내가 만들어내는 에너지일 수 있다고 했습니다. 이는 우리가 어떤 에너지를 만들어내느냐에 따라 현실도 달라진다는 강력한 메시지인 것입니다. 나의 '자기 인식'이 현재의 세상을 만들어내는 것이므로, 과거의 굴레에서 벗어나려면 내가 어떤 에너지를 내고 있는지 인지하고 이를 긍정적인 방향으로 전환하는 연습이 필요합니다.

친구의 사소한 실수를 볼 때면 늘 비판적인 에너지를 내던 K 씨는 자신이 왜 그렇게 남을 쉽게 판단하게 되었는지 관찰했습니다. 과거에 자신 역시 비난받았던 경험이 있었고, 그 에너지를 자신도 모르게 타인에게 투영하고 있음을 깨닫게 된 것입니다. 그는 남을 비판하는 대신 '이해하려는 에너지'를 그만 보내기로 결심하고 실천에 옮겼습니다. 깨달음은 행(行) 함에 있다는 진실을 다시 확인하는 순간이었습니다. 친구의 실수를 보면 '나도 그럴 때가 있지' 하고 속으로 말하며, 긍정적인 면을 찾아보려 노력했습니다. 그 이후부터는 신기하게도 주변과의 인간관계가 훨씬 원만해졌습니다.

늘 '돈이 부족하다'는 결핍의 에너지를 느끼며 살아가던 H 씨는 자신의 통장을 보며 한숨 쉬는 대신, '지금 가진 것에 감사하는 에너지'를 수용하기로 했습니다. 적은 돈이라도 감사히 여기고, 자신이 가진 재능과 기회에 집중했습니다. 그러면서 신기하게도 새로운 수입원이 생기거나 예상치 못한 곳에서 돈이 들어오는 경험을 했습니다. 내가 결핍을 느끼지 못하는 상태가 되어야 에너지는 바뀌게 되는 것입니다.

다니던 직장에서 정년퇴직을 한 이후 '나는 이제 아무것도 아니야'라는 생각에 사로잡혔던 K 씨는 자신이 평생을 바친 직업이라는 '상대적 정체성'을 자신과 동일시하고 있었음을 깨달았습니다. 그는 직업이 아닌 그 안에 있는 본질적인 '존재'를 느끼는 데 집중했습니다. 이름, 직업, 나이 등 지금껏 나라고 생각한 것을 빼고 나를 소개해 보는 방법도 실행해 보았습니다. 처음에는 공허했지만, 점차 조건 없이도 자신이 충분히 가치 있는 존재임을 깨닫게 되었습니다.

특정 관계(부모 자식, 연인, 친구)에서 늘 특정 역할을 해야 한다고 생각했던 H 씨는 그 관계가 없으면 자신이 존재하지 않을 것 같은 두려움을 가지고 있었습니다. 그녀는 '상대'가 있어야만 존재하는 자신의 모습을 내려놓고, 그 관계가 없어도 여전히 존재하는 자신을 발견하려 노력했습니다. 이런 노력이 주변인과의 관계를 더욱 건강하고 자유롭게 만들었습니다.

과거의 나를 상징하는 사진이나 물건을 보며, '나는 이제 지난 과거의 나와 작별한다. 너는 나의 일부이긴 하였지만, 나의 전부는 아니었다.'라고 속으로 말해보세요. 그리고 그 기억이나 물건에 대한 집착을 의식적으로 놓아주는 연습을 합니다. (실제로 물건을 꼭 버리지는 않더라도 중요한 것은 마음속의 행위입니다.)

깨달음에 이르는 과정은 한 번에 완성될 수 있는 것이 아닙니다. 매일매일의 삶 속에서 꾸준히 반복적으로 연습해야 하는 과정입니다. 내 몸의 근육을 매일 꾸준하게 단련하듯이, 의식의 근육을 쉼 없이 단련하는 과정입니다. 지난 과거는 더는 나를 정의하지 못하며, 우리는 매 순간 새로운 '점'에서부터 시작하는 무한한 가능성의 존재로 거듭나게 됩니다.

끊임없이 변하는 순간들 속에서 변치 않는 '나'는 어디에 존재하는 것일까요? 바로 '찰나' 같은 순간에 있습니다. 찰나는 지극히 짧은 시간을 의미하지만, 여기에서는 시간의 흐름에서 벗어나 오직 '존재함'만이 느껴지는 변치 않는 순간을 뜻하는 것입니다. 우리가 '나'라는 자아의 껍데기를 내려놓고 '지금 여기'에 강하게 몰입할 때만이 경험할 수 있는 순간이기도 합니다. 찰나의 순간이야말로 시간과 공간의 제약을 초월한 순간으로 과거에 대한 후회도, 미래에 대한 걱정도 존재하지 않습니다. 오직 순수한 '나'의 존재함만이 빛을 발하게 됩니다. 찰나 같은 순간의 연속이 이어져 우리를 계속 살아가게 할 수도 있지만, 찰나를 의식하지 못하는 삶을 살아간다면, 우리는 살아 있으면서도 사실상 죽어 있는 것과 마찬가지의 삶을 살게 되는 것일 수도 있습니다. 의미 없이 흘러가는 시간 속에

속절없이 자신을 잃어버리게 되는 것입니다. 이런 형태의 삶은 진정한 목적의식 없이 방황하며, 매 순간의 의미를 찾지 못하게 되어, 결국 깊은 공허함과 무기력감 속에 빠져들게 합니다. 우리는 끊임없이 외부로부터 자극적인 무언가를 갈구하지만, 그 무엇도 진정한 만족감을 주지는 못할 것입니다. 왜냐하면, 우리가 찾고 있는 '참나'는 외부가 아닌, 내 안의 '찰나' 속에 숨어 있기 때문입니다.

우리는 항상 정성된 마음으로 자신을 존중하고, 사랑하며, 삶을 소중히 생각하고 자신의 존재를 성찰하는 과정에 더 '집중'해야 할 것입니다. 이런 마음가짐으로 '참나'를 발견하여 집중하게 되면, 그 집중의 끝에서 우리는 지금까지 경험하지 못한 놀라운 세상을 만나게 될 것입니다. 그 순간, 우리는 깨달음을 얻을 수 있으며, 그 깨달음은 완벽히 당신의 것이 될 수 있습니다. 집중은 당신을 미지의 세계로 끌어 주는 마법과도 같은 일을 경험시키게 할 것입니다.

우리의 삶은 유유히 흐르는 강물과도 같습니다. 한순간도 멈추지 않고 계속해서 변화를 거듭합니다. '어제의 나'는 '오늘의 나'와 다릅니다. 이 끊임없는 변화 속에서 우리는 종종 길을 잃게 되는 경우도 있습니다. 과거에 얽매이거나 미래를 격정하며, 정작 '지금 이 순간'은 놓쳐버리는 실수를 하지 않기를 바랍니다.

직장인 K 씨는 항상 다음 프로젝트, 다음 승진, 다음 휴가를 생각하며 살았습니다. 현재의 업무나 지인과의 관계에는 충분하게 집중하지 못했습니다. 그녀는 항상 바쁘게 움직였지만, 막상 목표를 달성하고 나면 예상했던 행복감보다는 공허함이 컸습니다. 그녀의 삶은 끊임없이 다음 목적지를 향해 달려가는 연속성 없는 경주와 같았고, 진정한 '나'는 그 속에서 사라지는 듯했습니다.

은퇴 후 P 씨는 젊은 시절 화려하고 영광스러웠던 순간과 후회스럽기도 했던 과거에 갇혀 살았습니다. TV를 보거나 산책을 할 때도 그의 마음은 늘 과거에 머물러 있었습니다. 그는 현재를 즐기지 못했고, 그 결과 살아있으면서도 마치 과거에 시간이 멈춘 것처럼 의미 없는 시간을 보내고 있었습니다. 그의 삶은 '살아도 죽음을 사는' 것과도 같은 마음이었습니다.

일과를 잠시 멈추고 자신이 어떤 생각이나 행동을 '습관적으로' 하고 있는지 인지해 보세요. 예를 들어, 커피를 마실 때 습관적으로 스마트폰을 보거나, 대화 중 상대방의 말이 끝나기도 전에 다음 할 말을 미리 생각하고 있는 것 등입니다.

그렇다면, '살아도 죽음을 사는 것과 같은 삶'에서 벗어나, 변치 않는 진정한 '나'를 만나는 방법은 무엇일까요? 그것은 바로 '지금' 이 순간 '정성된 마음'으로 내가 존재하는 삶을 살아가는 것'입니다. 그리고 그것을 이루는 방법은 다름 아닌 '집중' 입니다. '정성된 마음'이란 어떤 일을 처리하면서 대충 일 처리를 하는 것이 아니라, 온 마음과 정신을 다해 집중하여 순간에 임하는 태도를 말하는 것입니다. 우리가 설거지를 할 때는 설거지에만 집중하고, 차를 마실 때 차의 맛을 느끼며 맛에만 집중하는 것입니다. 정성스러운 마음으로 집중하여 몰입할 때, 우리는 '나'라는 자아의 생각에서 벗어나 오직 '행위' 자체와 '존재' 자체에 연결하게 됩니다.

바리스타 L 씨는 매일 아침 커피를 내릴 때마다 모든 감각을 커피에 집중합니다. 원두의 향을 맡고, 물의 온도를 맞추고, 커피가 추출되는 소리를 듣습니다. 그의 손길 하나하나에 정성이 담깁니다. 그에게 커피를 추출하는 시간은 단순히 기호식품을 즐기기 위한 행동이 아니라, 자신과 커피가 하나 되는 명상과 집중의 시간입니다. 그는 이 순간에 자신의 존재를 새삼 깨닫게 되며 깊은 만족감을 느낍니다.

워킹맘 P 씨는 퇴근 후 아이와 함께 시간을 보낼 때는 모든 근심 걱정과 함께 스마트폰도 내려놓고 아이의 눈을 보며 놀이에만 집중합니다. 아이의 웃음소리, 작은 손짓 하나하나에도 시선과 정성을 기울일 때, 세상의 모든 스트레스가 사라지고 깊은 행복감에 빠져듭니다. 이 순간이 그녀에게는 진정 '살아있음'을 느끼는 시간입니다.

정성스러운 마음으로 '지금 이 순간' 완전히 집중하는 상태의 끝에는 우리가 경험하지 못한 놀라운 세상이 기다리고 있습니다. 그것은 마법과도 같은 일입니다. 시끄러운 세상이 갑자기 고요해지고, 빠르게 흘러가던 시간이 멈추기도 하며, 부주의하여 산만했던 나 자신이 깨어나는 경험을 하게 될 것입니다.
깊은 집중을 통해 자아의 그림자가 걷히고, 진정한 '내'가 빛을 발하는 순간을 경험하게 됩니다. 이때 우리는 '깨닫게 되는 순간'을 맞이할 수도 있습니다. 깨달음은 외부에서 얻은 지식이 아니라, 오직 당신의 내면에서 피어난 진정한 통찰이기에, 그것은 완벽히 당신의 것이 되는 것입니다. 누구도 빼앗아 갈 수 없고, 누구에게도 줄 수 없는 당신만의, 혼자만의 깨달음입니다. 그때가 당신이 세상의 주인이 되는 순간입니다.

컴퓨터 프로그래머 K 씨는 좀처럼 풀리지 않는 어렵고 복잡한 프로그래밍 문제를 해결하기 위해 며칠 밤낮으로 집중했습니다. 모든 외부 요인을 차단하고 문제 해결에만 골몰하던 어느 날 새벽, 갑자기 머릿속에서 모든 퍼즐이 맞춰지듯 풀리지 않던 문제가 해결되었습니다. 그는 그 순간이 문제 해결을 넘어서 자신 안의 깊은 잠재력과 연결되는 깨달음이 있었음을 느끼게 되었습니다.

평소 등산을 좋아하는 C 씨는 높은 산에 올라 정상에서 주변의 모든 풍경에 집중했습니다. 바람 소리, 나무의 움직임, 멀리 보이는 도시의 모습까지 모든 것이 살아 움직이는 듯 느껴졌습니다. 그 순간, 그는 자신이 자연의 일부이며, 모든 존재가 연결되어 있다는 깊은 깨달음을 얻었습니다. 그 깨달음은 그의 삶의 방향성을 완전히 바꾸어 놓았습니다.

'집중'은 단순한 기술이 아니라, 삶을 대하는 태도입니다. 집중의 힘을 통해 끝을 따라가다 보면 어떤 깨달음을 얻을 수 있고 당신은 끊임없이 변화하는 세상 속에서 변치 않는 자신을 발견하고 진정으로 '살아있는 삶'을 경험하게 되며, 결국 당신만의 빛나는 깨달음에 도달하게 될 것입니다. 깨달음은 당신을 행동하게 합니다. 당신의 삶은 더는 지속적인 방황이 아닌, 매 순간 유의미있는 순간으로 다가올 것입니다.

4 집착을 넘어선 자유

우리가 느끼는 심적 고통의 대부분은 '집착'에서 비롯되는 경우가 많습니다. 자신을 스스로 괴롭게 하는 '집착'으로부터 벗어나기 위해서는 어떻게 해야 할까요? '집착'이란 감정이 어디에서 왔는지, 실체를 알고 경로를 밝히는 것은 집착으로부터 훨씬 자유로워질 수 있는 방법 중 하나입니다. 모든 고통과 괴로움, 번민에는 원인이 있는 것이며, 그것을 멈추게 하는 방법 또한 분명히 존재하고 있습니다.

'집착'은 과거의 경험과 미래에 대한 두려움 사이에서 끊임없이 우리를 붙잡아두는 보이지 않는 사슬입니다. '집착을 넘는다'라고 말하는 것은 어떤 대상을 마음에서 지우고 포기하는 체념의 상태를 뛰어넘어 나 자신을 둘러싸고 있는 '제한된 인식'의 틀을 허무는 행위를 말하는 것입니다. 이런 '제한된 인식'은 종종 '나의 결핍으로 인한 경험이 만든 허상'에서 기인하게 됩니다. 과거를 돌이켜 회상해 보면 어느 시절, 어느 순간 부족했었노라고 후회하거나 상실감을 느꼈었던 과거의 경험이 현재에 투영되고 '난 이것이 없으면 안 돼', '나는 이것을 꼭 지켜내야만 해'라고 하는 고집스럽고 강력한 믿음을 생산해 내곤 합니다. 이런 믿음이 바로 집착의 본질인 것이며,

실체가 없는 그림자와 같아서 우리를 진정한 자유와 행복으로부터도 멀어지게 만드는 요인이 되는 것입니다.

우리는 보통 시간의 개념을 생각할 때, 선처럼 일렬로 길게 늘어뜨려 놓은 선형적 개념으로 인식하는 경우가 일반적입니다. 과거에서 현재로 흘러왔고, 다시 현재에서 미래로 흘러갈 것이라고 생각하는 것이 그렇습니다. 하지만 영적인 관점에서 볼 때는 '현재가 바로 과거이자 동시에 미래이다'라는 것을 알 수 있게 됩니다. 현재가 과거임과 동시에 미래라는 인식을 자연스레 하게 된다면 집착에서 벗어나는데 큰 도움이 될 수 있습니다. 과거의 경험, 기억, 감정, 신념이 모여 지금 이 순간의 나를 형성하고 있는 것입니다. 비록 우리가 매 순간을 의식하지는 못한다 할지라도 분명히 과거의 에너지는 현재 내 생각과 행동에 많은 영향을 미치고 있는 것이 사실입니다. 예를 들어, 기억하기 싫은 과거의 상처가 있고 그것과 관련된 현재의 무언가와 관계를 형성하려 할 때 두려움이나 회피로 나타나는 것처럼 말입니다. 지금 이 순간 내가 어떤 생각과 감정을 가지고, 어떤 행동을 하느냐에 따라서 나의 미래는 결정됩니다. 시간이 흐름에 따라 미래는 당연히 다가오는 것이라고 생각하겠지만, 미래는 그냥 자동으로 다가오는 것이 아니라, 지금 내가 선택한 에너지의 산물에 대한 결과로 따라오는 것입니다. 결과를 위한 원인을 만들고 있는 것입니다. 과도한 미래에 대한 집착은 결국, 지금 현재를 충분히 여유롭고 자유로우며 행복하게 살 수 없도록 만듭니다. 이러한 시간의 동시성은 '집착으로 인해 불행했던 것으로 기억되는 과거의 결핍을 현재에 붙잡아두고, 그것을 다시 미래로 투영하려는 시도'로 나타날 수 있는 것입니다. 진정으로 변화하기를 원한다면, 과거에 대한 집착은 그냥 흘러가도록 놓아주어야 하며, 그 모든 것을 지금 순간의 알아차림으로 받아들여야 합니다.

물은 보편적으로 높은 곳에서 낮은 곳으로 흐릅니다. 극히 자연스러운 세상의 이치인데 우리의 삶은 이와는 약간 다른 특정한 흐름을 가지고 있습니다. 이를 '미래에서 오는 나의 인생'과 '과거로부터 시작되는 나의 인생'이라는 비유로 관찰해 본다면 방향성에 따른 집착의 본질을 더 명확히 이해할 수도 있을 것입니다. 과거로부터 시작되는 나의 인생은 마치 강 하류 쪽에 댐을 쌓아놓고 물을 가둔 채, 흐르지 않는 고여 있는 물을 계속 댐 안에 가두어 두는 것과 같습니다. 과거의 경험은 결핍이나 상실의 기억에서 벗어나지 못하고, 그 결핍을 다시 채우기 위해 현재와 미래 또한 끊임없이 통제하려 하는 것입니다.

'이전에도 실패했으니 이번에도 역시 안 될 거야'
'저 사람마저 나를 떠난다면 나는 영영 버림받게 될 거야'
'좋았던 예전으로 돌아가야 해'
이러한 삶은 과거의 그림자에 갇혀 새롭고 신선한 물(미래의 가능성)이 흘러들어 오지 못하게 막는 강한 방어벽을 만드는 요인일 수 있습니다.

집착을 놓아주는 것은 댐을 허물고, 갇힌 물이 자연의 이치대로 아래로 흘러가도록 그냥 놓아두는 것과 같습니다. 과거의 경험을 발판 삼아 학습의 기회로 삼기는 하되, 거기에 얽매이지는 않으며, 현재를 순순히 받아들입니다. 그리고 다가올 미래에서 오는 새로운 가능성, 영감, 기회를 열린 마음으로 맞이하면 되는 것입니다.

'이번만큼은 다르게 해 볼 수 있어!'
'나는 그 누구의 영향과 간섭을 받지 않는 독립된 나만의 존재야' '지금 이 순간이 가장 중요해'라고 생각하는 삶은 유연하고 창조적이며, 매 순간 새로운 흐름을 경험하게 하여 지신을 성장시킬 것입니다.

집착을 놓아준다는 것은 곧, 꼭꼭 가두어 놓았던 고여 있는 물을 흘려보내고 미래의 에너지가 자유롭게 유입될 수 있도록 개방하는 것입니다.

집착의 본질을 아는 것, 그리고 그것을 인식하는 것이 집착에서 벗어나는 시작점입니다. 집착은 외부의 대상이나 상황의 영향이 만들어 낸 것이 아니라, '내 결핍의 경험이 만든 허상'일 뿐인 것입니다.

어린 시절 가난했던 경험, 또는 경제적으로 매우 힘들었던 기억은 '돈이 없으면 인생은 불행해'라는 결핍 인식을 만들게 됩니다. 이런 결핍 인식은 돈에 대한 강한 집착으로 이어지게 되며, 많은 돈을 벌게 되더라도 도무지 채워지지 않는 갈증으로 연결될 수 있습니다. 여기에서 돈 자체가 나쁜 관념은 아니지만, 돈이라는 물질을 '불행한 결핍을 채워줄 수 있는 유일한 수단'으로 인식하게 되는 것이 바로 집착의 본질입니다.

과거에 사랑했던 사람에게 실연당했거나 끔찍하게 외로웠던 경험이 있는 사람은 '혼자 있으면 안 돼', '그 사람에게 사랑받지 못한다면 나는 살아갈 가치조차 없어'라는 그릇된 결핍 인식을 만들어냅니다. 이 결핍 인식이 특정 관계에 대한 지나친 집착으로 이어져, 상대방을 본의 아니게 구속하거나 대인 관계에 있어 불안감을 느끼게 하는 요인이 되는 것입니다.

상대방의 존재 자체가 문제가 되는 것이 아니라, '상대방이 나에게 필요한 유일한 존재'라고 인식하는 것이 인간관계에 대한 집착의 본질이며 집착의 시작이 될 수 있는 것입니다.

과거에 사소한 실수 때문에 누군가에게 비난받거나, 인간관계에서도 위축되었던 경험이 있는 사람은 '완벽해야지만 결국 인정받을 수 있어'라는 결핍 인식이 만들어질 수 있습니다.
이런 결핍 인식은 완벽주의에 대한 집착으로 이어져, 아주 작은 실수에도 자신을 스스로 비난하게 되고 타인 역시 용납하지 못하도록 만듭니다.

모든 집착은 '나는 불완전하다', '나는 부족하다'라고 하는 '내면의 결핍 인식'에서 출발하는 것입니다. 그리고 그 결핍을 외부의 무언가로 채우려 할 때 집착의 마음이 생겨나는 것입니다. 그래서 마음에 무언가를 채워 넣으려 해도 쉽게 채워지지 않는 상실감을 느끼게 되는 이유는 결핍 자체가 허상이며, 진정한 '나'는 이미 완전한 존재인 사실을 간과하고 있기 때문입니다. 내가 어느 부분에 집착하고 있는지, 그 집착은 어떤 인식에서 비롯되었는지를 알아차리는 순간, 우리는 이미 집착으로부터 한 발짝 멀어질 수도 있게 되는 것입니다. 집착을 인식하여 알아차리고 그것을 마음에서 지우는 연습을 통해 진정한 마음의 평화와 자유를 경험할 수 있게 될 것입니다.

매일 하루 일과를 마치고 잠자리에 들기 전, 오늘 하루 동안 있었던 일 중 가장 기억에 남았던 순간 한 가지를 선택합니다. 그리고 그 순간이 과거의 어떤 기억과 연결되는지, 혹은 미래에 어떤 기대를 할 수 있는지 생각해 봅니다.

과거에 누군가로부터 받은 상처가 떠오를 때, 그 순간의 자신을 떠올립니다. 그리고 지금의 내가 상처받은 과거의 나에게 따뜻한 위로와 사랑을 보내는 모습을 상상합니다. 과거에 아팠던 상처를 현재의 사랑이라는 에너지로 치유하는 과정이 될 것입니다.

아주 어린 시절 물에 빠져 목숨을 잃을 뻔한 경험이 있는 P씨는 물에 대한 극심한 공포심이 있었습니다. 수영장은 물론이고 휴가철에 계곡 근처에 가서 물놀이를 즐기는 일은 꿈도 꾸지 못하는 일입니다. 그녀는 물에 대한 공포가 현재의 자신을 얼마나 불편하게 제한하는지 인식했고, '지금 순간 물에 대한 공포가 존재한다'는 사실을 받아들였습니다. 매일 아침 차가운 물로 세수하며 물에 대한 감각을 긍정적으로 바꾸는 작은 연습부터 시도하기 시작했고, 점차 물에 대한 인식이 긍정적 감정으로 바뀌면서 물에 대한 공포에서도 벗어날 수 있게 되었습니다. 과거의 경험이 현재 자신을 가두는 에너지를 만들고 있었다는 사실을 깨달았고, 현재의 노력을 통해 그 에너지를 바꿀 수 있음도 알게 되었습니다.

자신이 집착하고 있다고 생각하는 대상이 있다면, 잠시 그것으로부터 의식적으로라도 거리를 두는 연습을 해 보시기 바랍니다. 불안하거나 걱정되는 생각, 혹은 과거의 후회가 떠오를 때마다, 생각을 강물에 떠내려가는 나뭇잎처럼 상상하고 그냥 흘려보냅니다. '이것은 지나가는 생각일 뿐 나 자신이 아니다'라고 되뇌어 보세요.

항상 자신은 완벽해야 한다는 강박에 시달리던 K 씨는 아주 작은 실수에도 스스로를 비난하며 스트레스를 받았습니다. 그는 자신의 완벽주의가 과거의 실패에 대한 경험에서 비롯된 집착임을 깨달았습니다. 그는 '완벽하지 않아도 괜찮다'라는 문구를 적은 메모지를 매일 아침마다 보고 큰소리로 외치며, 다소 큰 실수를 하더라도 자신을 용서하는 연습을 반복적으로 했습니다. 그 후 그는 완벽해야 한다는 집착이 줄어들었고, 삶의 여유를 다시 느낄 수 있게 되었습니다.

매일 잠자리에 들기 전, 하루 동안 감사했던 일 또는 순간을 다섯 가지 적어봅니다. 아주 작고 사소하다고 느끼는 것이라도 좋습니다. 거울을 보고 자신의 눈을 바라보며 '나는 이미 완전하고 충분하다. 나는 아무것도 부족하지 않다'라고 반복적으로 말해보세요. 처음에는 어색하기도 하고, 이것이 될까? 믿기지 않을 수 있습니다. 그러나, 꾸준히 되풀이하여 반복하다 보면 내면의 결핍 인식이 점점 약해지는 것을 느낄 수 있습니다.

주변 사람에게 인정받지 못하는 것에 불안감을 느끼던 P 씨는 이러한 '인정 욕구'가 어릴 적 부모님께 충분한 사랑을 받지 못했다고 느꼈던 결핍에서 온 것임을 알게 되었습니다. 그녀는 자신에게 '나는 이미 나 자신에게 충분히 사랑받고 있다'라고 말해주기 시작했습니다. 그리고 타인의 인정이 아닌, 자신의 내면에서 우러나오는 만족감을 느끼는 데 더욱 집중했습니다. 그러면서 신기하게도 타인의 평가에 흔들리지 않고 더 자유롭게 자신을 표현할 수 있게 되었습니다.

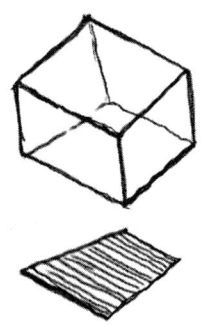

집착은 우리의 과거 경험, 특히 결핍의 인식이 만들어 낸 환상에 불과합니다. 그것은 '지금 현재의 나'를 한정 짓고, '미래의 내가 자유롭게 펼쳐지는 것'을 방해합니다. 하지만, 우리는 현재가 과거이자 미래임을 인식하고, 삶의 흐름을 자연스럽게 받아들이며, 결핍이라는 허상을 꿰뚫어 볼 수 있어야 할 것입니다. 인간은 가장 자유로운 존재입니다. 인간의 영혼은 본래 아무런 제약 없이 훨훨 날아다니는 나비와 같은 존재였을 것입니다. 그런데 이 세상 온갖 집착들이 우리를 얽어매고 부자유스럽게 만들었습니다. 이제 다시 그 자유로웠던 존재로 돌아가기 위해, 우리는 '비우고 정리하는 과정'을 시작해야 합니다. 물건이든, 마음이든 비우고 정리할 때 비로소 진정한 자유를 경험할 수 있을 것입니다. 그런데, 눈에 보이는 물건은 스스로 노력만 한다면 쉽게 정리가 가능하지만, 눈에 보이지 않고 실체조차 모르는 마음의 정리는 어떻게 해야 하는 것일까요? 마음이란 것이 어디에 있는지를 알아야 비우고 정리할 텐데 말입니다. 이제, 태어날 때 지닌 채 있었던 그 마음이란 것이 도대체 어디에 있는지 탐색해 보고, 물건과 마음을 비우고 정리하는 연습을 해보도록 하겠습니다.

내 주변에 있는 물건은 눈을 통해 볼 수 있고 손으로 잡을 수 있으며 오감으로 감각을 느낄 수도 있습니다. 그래서 주변에 있는 물건을 정리정돈하는 것은 '비움'이라는 개념을 가장 쉽고 직관적으로 경험할 수 있는 첫 단추가 될 수 있습니다. 불필요한 물건을 치우고 비우면 공간이 넓어져 시원한 느낌을 주며, 마음속 여유까지도 함께 찾아오게 됩니다. 단순하고 정돈된 환경은 복잡한 생각을 줄이고, 중요한 것에 더욱 집중할 수 있는 환경을 만들어 줍니다.

옷장, 책꽂이, 책상 서랍, 부엌 찬장, 다용도실, 신발장 등 작은 공간부터 시작합니다. 지난 1년 동안 한 번도 사용하지 않았거나, 보면서도 '이런 것을 왜 가지고 있지?'라는 생각이 드는 물건은 과감히 버리거나 필요한 곳에 기부합니다. '언젠가 쓸모 있겠지'라고 생각하며 또 어딘가로 옮겨두는 행위와 생각이 나를 자유롭지 못하게 하는 것입니다.

K 씨는 결혼 후 아이가 태어나면서 집안에 육아용품이 너무 많아 곳곳이 정신없습니다. '언젠가는 쓸모가 있겠지'라는 생각으로 보관해 놓았던 아기 옷, 장난감 유아용품 등을 과감히 정리하기 시작했습니다. 처음에는 정리하기가 아깝고 망설여졌지만, 하나씩 비워낼수록 집안의 공간은 넓어지고 마음까지 상쾌해지는 기분을 느꼈습니다.

물건마다 '자기 자리'를 정해주고, 사용 후에는 반드시 제자리에 다시 돌려놓는 습관을 갖습니다. 이런 행동은 물건이 켜켜이 쌓이는 것을 방지하고, 필요한 물건을 찾을 때 시간을 낭비하지 않습니다.

K 씨는 가끔 열쇠, 지갑, 안경을 찾아 헤매느라 아침마다 전쟁이었습니다. 현관에 작은 바구니를 두고 이 세 가지 '물건의 집'으로 정해주자, 아침이 훨씬 여유로워졌고 마음도 편안해졌습니다.

물건 정리가 자연스러워지고 주위 환경을 정리정돈하는 습관이 어느 정도 익숙해졌다면, 마음을 지우고 정리하는 과정 역시 시작할 준비가 되었다고 할 수 있습니다. 이런 일련의 과정은 깨끗한 마음의 자유로 가는 중요한 과정입니다.

마음은 어디에 있는 것인가? 물건은 눈에 보이지만, 마음은 쉽사리 들여다볼 수가 없습니다. '나'를 제대로 파악하려면 '나'라고 생각하는 '나'를 떠나, 마음을 바라보아야 합니다. 그 근원은 바로 '태초의 마음', 즉 육체가 생기기 전부터 존재했던 우리의 본성, 신성, 또는 순수의식의 마음입니다. 자아를 떠난 상태에서 나를 볼 때 생각, 감정, 신념을 비워내기에 좋은 조건입니다. 이 마음은 외부의 조건이나 경험에 오염되지 않은 가장 순수하고 절대적인 우리의 본질입니다. 마음은 그림이 그려지기 전의 도화지와도 같습니다. 마음이 어디에 있는지, 어느 곳을 향하고 있는지를 안다는 것은 결국 '나'라는 존재의 가장 깊은 곳을 탐색하는 모험입니다. 태초, 이전의 그 마음, 즉, 우리의 본성은 특정 감정이나 생각에 얽매이지 않는 순수하고 절대적인 의식이었습니다. 이곳까지 도달하는 것만이 진정으로 쉼을 얻을 수 있고, 진정한 자유를 누릴 수 있는 유일한 자리입니다.

태초의 마음은 육체로 태어나기 전부터 존재했던 순수한 의식의 자리입니다. 마치 우주의 가장 근원적인 에너지처럼, 어떤 형태나 규정에도 얽매이지 않는 본연의 '나'입니다. 이것은 판단과 분리가 없는, 오직 존재함만이 있는 고요하고 평화로운 곳입니다. 마음을 탐색하는 과정은 외부로 향하는 시선을 나의 내면으로 돌려, 끊임없이 떠오르는 생각과 감정의 파도를 넘어, 맨 아래 있는 고요한 밑바닥까지 내려가는 것과 같습니다. 이런 과정은 외부의 소음을 차단하고, 자신의 내면을 깊이 관찰하며, '지금 여기'에 존재한다는 것을 알아차리는 연습을 통해서 가능합니다. 단, '의식과 무의식을 모두 초월해야 한다'고 하는 아주 어려운 과제를 통과해야만 가능한 것입니다.

'생각 명상'을 시작합니다. 5분 동안 조용히 앉아 떠오르는 모든 생각을 그저 관찰합니다. 좋거나 나쁘다고 판단하지 않고, 붙잡지도 않습니다. 마치 하늘에 떠가는 구름을 바라보듯이, 생각이 왔다가 사라지도록 그냥 내버려둡니다.

평소 지나친 걱정으로 잠을 쉽게 청하지 못했던 L 씨는 매일 밤 생각 명상을 시작했습니다. 처음에는 '오늘 있었던 일', '내일 처리해야 할 일' '동료와 있었던 미묘한 갈등에 대한 걱정' '공과금 처리 문제' '곧 다가올 미래에 대한 걱정과 고민' 등의 생각으로 뒤척이며 쉽사리 잠을 이루지 못했던 상황이 꾸준한 '생각 명상'을 통해 점차 생각의 소음이 줄고 마음은 고요해지며 어느새 상쾌한 아침을 맞이하게 되는 경험을 했습니다.

불쾌한 감정(화, 슬픔, 불안 등)이 마음속에서 올라올 때, 그 감정을 외면하지 않고 그냥 순순히 느껴봅니다. 감정은 '나'라고 동일시하지 않고, '내가 지금 이런 감정을 느끼는구나'라고 알아차립니다. 그리고 그 감정이 몸의 어느 부위에서 작용하는지를 알아차리며, 감정이 자연스럽게 흘러가도록 허락합니다. 이것이 마음을 청소하는 방법입니다.

직장에서 상사에게 꾸중을 듣고 화가 치밀어 오르던 P 씨는 집으로 돌아와 화를 억누르는 대신, 낮에 혼났던 상황을 다시 소환하여 재생하고 떠올리며 가슴에서 뜨겁게 끓어오르는 화를 의식적으로 느꼈습니다. 그리고 자신에게 '괜찮아, 화가 날 수 있어'라고 말해 주며 감정을 인정하자, 놀랍게도 화가 서서히 가라앉는 경험을 했습니다.

나를 지치게 하거나 부정적인 에너지를 주는 관계가 있다면, 그 관계와의 거리를 조절하는 방법을 생각해 보아야 합니다. 직접적인 관계 단절이 어렵다면, 관계에 대한 나의 기대나 집착을 차라리 내려놓는 연습을 합니다.

남의 부탁을 잘 거절하지 못해 힘들었던 C 씨는 자신이 '착한 사람'이라는 주변의 평가에 집착하고 있음을 깨달았습니다. 그녀는 작은 부탁부터 "아니오"라고 말하는 연습을 하기 시작했습니다. 처음에는 상대에게 미안했고 불편했지만, 그것이 오히려 자신을 보호하는 방법임을 알게 되었고 사람과 소통하는 관계를 알게 되면서 마음의 자유도 느낄 수 있었습니다.

눈을 감고 조용히 앉아, 자신의 호흡에 집중합니다. 숨을 들이쉬고 내쉬는 그 순간에만 온전히 집중합니다. 생각이 떠오르면 다시 호흡으로 의식을 가져옵니다. 5분, 10분, 20분… 점차 시간을 늘려나가면서, 생각과 감정의 파도가 잠잠해지고 그 밑에 있는 고요한 '나'를 만나는 경험을 해봅니다.

명상을 즐겨 하는 K 씨는 매일 새벽 1시간씩 고요함 속에서 자신을 느끼며 탐색합니다. 그는 이 시간을 통해 자신의 육체, 생각, 감정을 넘어선 '순수한 의식'을 경험합니다. 그 순간, 그는 자신이 우주의 모든 것과 연결된 '한 점'과 같은 존재임을 깨닫고 깊은 평화와 충만함을 느낍니다.

당신의 이름, 직업, 가족, 국적, 육체, 심지어 당신의 생각과 감정마저 모두 사라진다고 상상해 봅니다. 모든 조건과 규정이 사라진 후에도 남아있는 '당신'은 무엇일까요? 그 순수한 '존재'만을 느껴보길 바랍니다.

교통사고 후 한동안 아무것도 할 수 없게 된 L 씨는 절망에 빠져 살며 지옥 같은 하루하루를 보냈습니다. 언제까지 이렇게 절망적인 삶을 살 수는 없다고 생각을 바꾼 그는 우연한 기회에 명상을 알게 되었고 명상에 집중하게 되었습니다. 명상을 통해 자신의 몸과 사회적 지위라는 조건이 사라진 상태에서도 여전히 '존재하는 자신'을 발견했습니다. 그는 이 경험을 통해 자신이 육체의 노예가 아니라, 그 모든 것을 초월한 영원한 존재임을 깨닫고 새로운 삶의 희망을 찾게 되었습니다.

'비어있는 공간에서 오히려 뭔가로 꽉 차 있다는 느낌', 이 역설적인 문장은 우리가 추구해야 할 진정한 풍요로움의 본질을 함축하고 있습니다. 우리는 흔히 더 많이 소유하고, 더 많이 움켜쥘 때 채워진다고 생각하지만, 사실은 그와는 정반대입니다. 많이 비움으로써 비로소, 모든 것이 채워지는 풍요로움을 맛볼 수 있기도 한 것입니다. 비움과 채움이 같다는 이 느낌은 나의 마음을 편안하게 해줍니다.

세상 모든 만물은 나를 위해 존재했던 것이고, 존재하는 것이며, 앞으로도 존재하게 될 것입니다. 다만, '나'를 자유롭지 못하게 스스로를 묶고 있는 것은, 다름 아닌 바로 '나' 자신이었던 것입니다. 이 진실은 우리가 모든 것을 지나칠 때 만날 수 있는 깨달음입니다. 그리고 그 깨달음을 통해 우리는 결국 자유로운 '나의 길'을 가게 될 것입니다. 지나친다는 것이 단순히 모든 것을 포기하라고 말하는 것은 아닙니다. 그것은 자신에 대한 의식과 무의식을 지나 원래 최초의 자기 자리로 돌아가는 것을 의미하는 것입니다. 우리는 무언가를 채우기 위해 끊임없이 노력합니다. 더 많은 돈, 더 넓은 집, 더 좋은 차, 더 높은 지식, 더 높은 지위, 더 화려한 인맥… 하지만, 무언가를 채우려 하면 채울수록 마음은 더 공허해지고, 또 다른 무언가를 찾기 위해 방황을 하게 됩니다. 마치 밑 빠진 독에 물을 붓는 것과 같습니다. 왜 그런 현상이 나타나는 것일까요?

그것은 우리가 '진정한 풍요로움'의 의미를 잘못 이해하고 있기 때문입니다. '진정한 풍요로움'은 외부에서 오는 '채움'이 아니라, 내면에서 우러나는 '비움'을 통해 얻어지는 상태입니다. 비울 때 비로소 우주의 무한한 에너지가 우리 안으로 들어와 우리를 가득 채우는 경험을 하게 될 것이고, 이런 모든 과정의 핵심은 바로 '자아 관찰하기'인 것입니다. 움켜쥐고 있던 것들을 손에서 놓는 것입니다. 관찰하기는 우리를 구속하는 가장 큰 존재인 '나'라는 자아에 대한 집착을 비우는 것에서 비롯되며, 이 과정의 시작을 통해 우리는 가장 자유로운 본연의 자신으로 돌아가, 진정으로 가야 할 '나의 길'을 만날 수 있게 될 것입니다. 세상의 모든 것들이 나를 통해 존재한다는 진리를 잊은 채, 보이지 않는 집착의 사슬에 묶여 살아왔지만, 이제 우리는 알고 있습니다. '나'를 자유롭지 못하게 하는 것은 외부의 '무엇'이 아니라, 바로 '나'라는 자아에 대한 집착이었다는 사실을 말입니다.

내가 아닌 껍데기를 붙잡고 나라고 하고 있지는 않은지요?

5 종교적 관점에서 바라보는 인간

우리는 가족, 학력, 경력, 직업, 인간관계, 성취감 등으로 자신을 설명할 수 있지만, 그것만이 곧 '자신의 본질'이라고 단정하여 말하기는 어렵습니다. 인간은 자신의 본질을 찾기 위해 철학을 공부하고 명상을 체험하며, 때로는 종교에도 깊은 관심을 갖게 됩니다. 많은 이들이 신앙으로 믿고 따르는 종교는 단순히 어떤 초월적 대상이나 존재를 맹목적으로 믿는 체계가 아니라, 그 존재와 인간의 상관관계를 통해 자신의 존재를 깊이 탐구하도록 이끄는 길이 될 수 있을 것입니다. 그 관계를 어떻게 인식하느냐에 따라 진정한 '나'를 발견할 수도 있다고 생각합니다.

철학은 '나는 누구인가?'라는 아주 사소하지만 바로 대답하기 어려운 질문에서부터 시작되곤 합니다. 그리스의 유명한 철학자인 소크라테스가 그랬듯이 '너 자신을 알라!'라고 한 말은 끊임없이, 지속적인 자기 성찰을 하라는 철학적 개념의 본질일 것이라고 저는 생각합니다. 철학은 신앙처럼 믿음을 전제하지 않고, 이성적 탐구와 비판적 질문을 통해 스스로 답을 찾아가는 과정입니다. 철학은 자기 내면의 거울을 닦아 스스로가 자신을 더욱 뚜렷하게 볼 수 있게 하는 길입니다.

즉, 종교는 신과의 관계를 통해 나를 발견하고, 철학은 이성과 성찰로 나를 끊임없이 탐구하는 것입니다. 방법론에서는 다를지 몰라도, 종교와 철학은 모두가 '참된 나'를 찾는 수단으로서 도구의 역할을 한다고 하는 점에서는 닮았다고 할 수도 있을 것입니다. 종교는 나를 신과 연결하여 자신을 들여다보게 하고, 철학은 우주 속에서 나를 다시 새롭게 정의할 수 있습니다. 참 '나'인 자신을 마주하기 위해 종교와 철학은 우리에게 많은 도움과 영감을 줄 수 있지만, 결국 우리가 가야 할 목적지는 종교도 철학도 모두 초월하는 본연의 자신을 마주할 때만이 비로소 '진정한 자신'을 발견할 수 있게 될 것이라는 점입니다. 불교에서 '모든 괴로움의 원인은 무지(無知)'라고 말합니다. 괴로움의 근원이라고 할 수 있는 무지를 깨기 위해서는 자신의 마음을 올바로 바라보아야 합니다. 수행과 명상을 통해 아무것도 없는 텅 빈 공간을 떠올리며 무아(無我)의 경험을 통해 자기 존재를 알아차릴 때, 집착과 번뇌를 넘어선 자유를 경험하게 됩니다. 기독교에서는 '하나님의 형상으로 창조된 존재'라는 선언을 통해 인간이 단순한 생명체를 넘어 신성과 닮은 존재임을 일깨우며, 신 앞에서만이 '참된 나'를 발견할 수 있다고 말합니다. 힌두교에서는 아트만과 브라흐만의 일치를 강조하며, 궁극적으로 자신이 곧 우주와 연결된 존재임을 깨닫게 하는 가르침을 주고 있으며, 이슬람교에서는 알라에 대한 절대적 신앙과 경건한 삶을 통해 인간이 피조물로서 인간 자신의 위치와 목적을 발견하도록 하고 있습니다.
이처럼 세계 여러 곳에서 신앙으로 섬기는 각각의 종교는 표현과 방법에 있어 다소 차이가 있을지는 몰라도, 공통으로 추구하는 것은 '인간이 자신의 진정한 존재를 스스로 자각하도록 이끌어 주고 있다'라는 것입니다. 신을 찾는 길이 곧 자신을 찾는 길이며, 자신을 찾는 길이 신이 되기 위한 본래의 본성으로 가는 길이기도 할 것입니다.

종교가 제시하는 길은 단순히 교리나 의식을 따르는 것이 아닌, '나는 누구인가, 무엇을 위해 살아가는 것인가?'하는 물음에 대한 깊은 탐구와 깨달음을 얻는 일일 것입니다. 그러나 이렇게 사람에게 필요한 종교가 본연의 본질을 잊고 종교적 맹신만을 강요하게 된다면 진정한 종교의 의미는 퇴색되게 될 것입니다. 종교적 믿음은 '나'와 '세상', 그리고 '절대자'와의 관계를 재정립하게 하며 그 과정에서 '나'는 단지 사회적 역할을 하는 존재이거나 육체를 가진 존재로서가 아니라 진정한 나를 발견할 수 있는 존재로 거듭나게 될 것입니다. 종교적 탐구란 결국 외부에서의 새로운 나를 발견하는 것이 아니라, 이미 내 안에 존재하고 있는 본래의 나를 드러내는 여정인 것입니다. 그러므로 자신을 찾기 위해 종교를 탐색하는 일은, 삶의 본질을 알아차리는 데도 도움이 될 것입니다. 종교와 철학을 굳이 알 필요는 없다고 하더라도 '진정한 나'를 찾아 탐구하고 공부하는 과정은 종교인이든 비종교인이든 누구나 가능한 것이며, 인간은 본능적으로 '진정한 나'를 알기를 갈구하고 있을 것입니다.

여기에서 간략히 언급하는 종교에 대한 견해에 대해 저는 특정 종교에 대한 어떠한 편견이 없으며, 구체적이고 세부적인 내용보다는 우리가 자신을 발견하는 데 있어서 도움이 될 부분에 대한 각 종교의 특징을 비종교인의 입장에서 서술함을 알려드리니 오해없이 이해하여 주시기 바랍니다.

1) 천도교적 관점

천도교의 경전 《동경대전》은 인간 존재를 하늘과 하나 된 존재로 선언합니다. '사람이 곧 하늘(人乃天)'이라는 가르침은 인간을 단순한 피조물이 아니라, 하늘을 모신 존엄한 존재로 드러내는 것입니다. 또한 '마음이 곧 하늘이니, 하늘을 떠나 따로 사람의 마음이 있지 않다'는 구절은 인간 내면의 본성이 곧 하늘과 합일되어 있음을 강조하는 것입니다. 결국 천도교에서의 '나'는 하늘과 분리되지 않은, 신성과 존엄을 지닌 존재로 이해됩니다. 천도교의 사상적 의미는 단순한 종교적 선언을 넘어, 사회적으로도 혁명적인 의미를 가진 것이었다고 생각합니다. 조선 후기, 양반과 노비로 나뉘어 있던 신분제 사회에서 '모든 인간은 평등하고 존엄하다'는 가르침은 하층 백성들의 가슴에 새로운 희망으로 다가왔습니다. '사람이 곧 하늘이다'라는 말은 누군가에게 단순한 구호처럼 들릴 수 있지만, 누군가에게는 스스로의 가치를 자각하고 삶의 새로운 방향을 찾아가는 중요한 단서가 될 수 있기에 충분한 것이었습니다. 천도교의 핵심 교리는 '시천주(侍天主)'로, 이는 '천주님을 모신다'는 의미로, 곧 내 안에 한울님을 모시고 있다는 뜻입니다. 여기서 말하는 한울님은 특정한 형상이나 장소에 머무는 신이 아니라, 우주 만물의 근원적 생명력이며 조화로운 기운 그 자체를 의미합니다. 따라서 '시천주'란 한울님이 제 마음과 몸 안에 깃들어 있음을 깨닫고, 그 정신까지 깊이 모시는 것을 뜻하는 것이라고 할 수 있습니다. 이러한 이해 속에서 인간은 누군가에게 의지해야만 하는 나약한 존재가 아니라, 이미 우주의 신성한 기운을 담고 있는 존귀한 존재로 여겨집니다. 이는 외부에서 구원을 찾는 것이 아니라, 내 안에서 신성을 발견하는 지혜를 일깨워 줍니다. 다시 말해, 인간은 본래부터 우주와 연결된 신성한 존재이며, 내면 안에 완전한 지혜와 힘을 간직하고 있었다는 것입니다. '사람이 곧 하늘'이라는 선언은 인간이 존엄하고 고귀하다는 차원을 넘어, 인간이 곧 신적인 본성을 지니고 있음을 말하는 것입니다. 이러한 자각 속에서 인간은 단순히 개인적 존재를 넘어, 홍익인간(널리 인간을 이롭게 함)의 도리를 실천하며, 내 안의 무한한 잠재력을 펼쳐 세상에 긍정적인 영향을 미치는 존재로 살아가게 되는 것이며. 그 결과 인간은 더는 외부의 조건이나 타인의 평가에 얽매이지 않고, 참된 자유와 창조성을 발휘할 수 있게 됩니다. 따라서 천도교에서 인간은 곧 하늘을 모신 존재이며, 내 안의 신성을 깨닫고 실천할 때 새로운 삶의 지평을 열어갈 수 있다는 것입니다. 스스로가 이미 하늘의 성품을 지닌 존재라는 사실을 인식하는 것만으로도, 그것은 곧 세상을 바꾸는 새로운 이정표가 될 수 있는 것입니다.

천도교적 관점으로 본 지금 당신은 어떤 존재라고 느껴지십니까?

2) 불교적 관점

불교는 인간의 존재를 바라보며 고정된 자아, 즉, 변하지 않는 실체로서의 '나(我)'는 없다고 말합니다. 이것을 무아(無我)라 하며, 무심(無心)에서 무아(無我)의 진리를 깨닫고 묘심(妙心)을 쓸 수 있는 열반(涅槃)에 이르는 길이라고 설명합니다.

우리가 흔히 '나'라고 집착하는 다섯 가지 요소,
즉, 오온(五蘊) (색:色/몸, 수:受/느낌, 상:想/지각, 행:行/의지적 형성, 식:識/의식) 은 끊임없이 변할 뿐, 영원히 고정된 실체로서의 자아는 존재하지 않습니다. '나'란 오온이 모여 임시적으로 형성된 현상에 불과하며, 마치 물속에 비친 그림자가 실제 자신인 줄 착각하는 것과 같습니다. 이와 연결되는 불교의 핵심 사상은 공(空)입니다. '색즉시공, 공즉시색'이라는 말은 흔히 허무주의로 오해되지만, 불교에서의 '공'은 무(無)를 뜻하지 않습니다. 오히려 '나'라는 존재가 어떤 규정에도 한정되지 않는 무한한 가능성을 지녔음을 드러냅니다. '공'은 고정된 자아에 대한 집착을 내려놓고, 끊임없이 변하는 존재의 진실을 깨닫게 합니다. 그것은 '나는 아무것도 아니다'라는 절망이 아니라, "나는 어떤 모습으로도 변할 수 있다"라는 희망을 전하는 것입니다. 우리 삶은 끊임없는 변화의 과정입니다. 우리는 어릴 적의 나, 학생으로서의 나, 자식으로서의 나, 직장에서의 나, 부모로서의 나 등 수많은 '나'를 만들어 살아갑니다. 그러나 문제는 그중 하나의 자아에 집착하는 데 있습니다. 예를 들어, '나는 유능한 회사원'이라는 자아에 매달리다 실수를 하면 곧바로 '나는 쓸모없는 사람'이라고 절망하게 됩니다. 불교는 바로 이러한 집착이 괴로움의 근원이라고 말합니다. '공'의 지혜는 우리로 하여금 직업이나 역할에 갇히지 않고, 본래 깨끗하고 자유로운 마음의 창조성을 깨닫게 합니다.

실제 삶 속 사례를 통해서도 '공(空)'의 의미를 이해할 수 있습니다. 완벽한 엄마가 되어야 한다는 집착 속에 괴로워하던 한 어머니는 '좋은 엄마'라는 역할이 자신을 규정하지 않는다는 사실을 깨달으면서 자유를 얻었습니다. 또 미래에 대한 불안에 시달리던 한 직장인은 명상을 통해 불안이 잠시 머물다 사라지는 감정의 흐름일 뿐임을 깨닫고 훨씬 편안해졌습니다. 이처럼 공은 우리를 얽매는 굴레에서 벗어나 더 넓은 삶의 자유를 열어 줍니다. 따라서 불교는 인간을 '영원한 자아는 없으나, 변화와 연기의 흐름 속에서 수행하고 깨닫고 해탈로 나아가는 존재'로 이해합니다. 공의 지혜는 존재의 소멸이 아니라, 무한한 잠재력과 가능성을 열어 주는 지혜입니다. 우리는 언제든 새롭게 시작할 수 있는 존재이며, 과거의 실패나 현재의 한계에 갇히지 않고 원하는 삶을 자유롭게 그려 나갈 수 있습니다.

불교적 관점으로 지금 당신은 어떤 존재라고 느껴지십니까?

3) 힌두교적 관점

힌두교의 철학적 핵심은 우파니샤드 경전에 잘 드러납니다. 찬도기야 우파니샤드의 'Tat tvam asi (탓 뜨밤 아시/그것이 바로 너다)'와 브리하다라냐카 우파니샤드의 'Aham Brahmāsmi(아함 브라흐마스미/나는 브라흐만이다)'라는 선언은 개별적 자아(Ātman)와 우주적 실재(Brahman)가 본질적으로는 하나임을 선언합니다. 이것이 곧 '범아일여'(梵我一如)라는 사상으로 정리되며, 겉으로 우리는 육체와 감정, 생각을 지닌 개별적 존재처럼 보이지만, 실상은 영원불멸의 '참 자아'인 '아트만'이 내면에 있으며, 그것은 곧 '브라흐만'과 동일하다고 하는 가르침입니다. 따라서, 힌두교에서 인간은 단순히 몸이나 감정, 생각에 제한된 존재가 아니라, 본질적으로 우주 전체와 하나 된 영원한 존재입니다. 그러나 대부분의 사람은 이 진리를 깨닫지 못한 채 육체와 욕망에 집착하며 윤회의 고통 속에서 살아갑니다. 인간의 목표는 요가와 명상, 수행을 통해 내 안의 아트만을 깨닫고, 브라흐만과 합일하는 해탈(모크샤)에 도달하는 것입니다. 해탈은 업(karma)과 윤회의 사슬을 끊고, 영원한 자유와 평화를 누리는 경지를 의미합니다. 이 깨달음에 도달하기 위해 힌두교는 다양한 수행법을 제시합니다.

카르마 요가는 결과에 집착하지 않고 순수한 마음으로 행위를 수행하라는 길로, 집착에서 벗어나 자유와 기쁨을 경험하게 합니다.

박티 요가는 신에 대한 사랑과 헌신을 통해 자아의 경계를 녹이고, 모든 존재와 하나 됨을 체험하게 합니다.

즈냐나 요가는 "나는 누구인가?"라는 근원적 질문을 통해 자아의 환상을 걷어내고, 참된 아트만이 곧 브라흐만임을 깨닫는 지혜의 길입니다.

라자 요가는 호흡, 명상, 마음의 통제를 통해 내적 고요에 도달하고, '나'와 '우주'가 하나임을 직접 체험하는 길입니다.
결론적으로 힌두교는 인간을 본질적으로 우주와 하나인 무한한 존재로 이해합니다.

인간은 수행을 통해 자기 안의 신성을 깨닫고 해탈에 이르러 영원한 평화와 자유를 누리게 됩니다. 이는 인간이 단순히 유한한 개인이 아니라, 본래부터 고귀하고 무한한 가능성을 지닌 존재임을 일깨워 주는 가르침입니다.

힌두교의 관점으로 보는 당신은 어떤 존재라고 느껴지십니까?

4) 성경적 관점

성경은 인간 존재를 세 단계의 흐름 속에서 보여주게 됩니다. 먼저 구약은 인간을 하나님의 형상으로 창조된 존엄한 존재로 묘사합니다. '하나님이 자기 형상, 곧 하나님의 형상대로 사람을 창조하시되, 남자와 여자를 창조하시고'(창세기 1:27)라는 말씀은 인간이 다른 피조물과 구별된 특별한 존재임을 밝히는 것입니다. 인간은 단순히 생명체로만 존재하는 것이 아니라, 하나님과 근원적으로 연결된 존재입니다. 또한 구약은 하나님과 인간이 언약의 관계 속에 있음을 강조한다. '네 하나님 여호와는 신실하신 하나님이시라 그를 사랑하고 그의 계명을 지키는 자에게는 천대까지 언약을 이행하시며 인애를 베푸신다'(신명기 7:9)는 말씀은 인간이 단순한 피조물이 아니라 사랑과 책임을 기반으로 하나님과 약속을 맺은 존재임을 보여줍니다. 그러나 인간은 아담과 하와의 불순종으로 죄에 빠져 고통과 죽음의 현실에 놓이게 되었으며, 이후 구약의 역사는 인간이 끊임없이 하나님을 떠나지만, 하나님께서 다시 회복의 길을 열어 주시는 이야기로 이어집니다. 신약은 인간 존재를 예수 그리스도를 통한 사랑과 자녀 됨의 관계로 드러냅니다. 예수께서는 제자들을 '종이 아니라 친구'라고 부르시며 하나님과 인간의 관계가 단순한 주종 관계가 아니라 인격적이고 친밀한 관계임을 보여주었습니다. 또한, 사도 바울은 성령께서 우리의 영과 더불어 우리가 하나님의 자녀임을 증언하신다고 선포하며, 인간을 하나님의 상속자로 정의하였습니다. 신약의 핵심은 인간이 예수 그리스도의 십자가와 부활을 통해 죄 사함을 받고, 성령을 선물로 받아 새로운 피조물로 변화되는 데 있습니다. 이것은 인간이 더는 멀어진 존재가 아니라, 하나님을 '아빠, 아버지'라 부르며 친밀한 사랑 안에서 살아가는 자녀임을 의미합니다. 계시록은 인간 존재의 궁극적 완성을 보여줍니다. '하나님의 장막이 사람들과 함께 있으매 하나님이 그들과 함께 거하시리니 … 모든 눈물을 그 눈에서 닦아 주시리라'(계시록 21:3-4)는 말씀은 종말에 하나님과 인간이 영원히 하나 되어 거하는 완전한 연합을 묘사합니다. 인간의 최종적 운명은 단절이나 파멸이 아니라, 하나님과의 영원한 동행 속에서 충만한 삶을 누리는 것입니다. 인간은 창조로 시작하여 죄로 인한 타락을 겪었지만, 예수 그리스도를 통한 구원과 회복을 거쳐 마침내 하나님과 영원히 연합하는 존재로 완성된다는 것입니다. 결국, 성경은 인간을 창조와 언약 속에서 시작하여, 예수 그리스도를 통해 자녀로 회복되고, 종말에 하나님과 영원히 하나 되는 존재로 증언합니다. 이는 인간이 누구이며 어디서 왔고, 어디로 가야 하는지를 분명히 보여주는 신앙의 길잡이라고 할 수 있습니다. 구약, 신약, 계시록에서 말하는 인간의 존재는 어떻게 다른가요?

성경을 보면서 지금 당신은 어떤 존재라고 느껴지십니까?

5) 유교적 관점

유교는 인간을 단순히 생물학적 개체가 아니라, 도덕적 본성을 지닌 존재로 이해합니다. 공자는 인간을 '인(仁)'을 실현할 수 있는 존재로 보았습니다. 이는 인간의 본질이 곧 타인과 더불어 살아가며 관계를 형성하는 데 있다는 의미입니다. 다시 말해, 인간을 본래 관계적이고 도덕적 성향을 지닌 존재로 규정하는 것입니다. 맹자는 한 걸음 더 나아가 인간의 본성은 선하다고 주장했습니다. (성선설). 그는 인간의 마음속에는 '측은지심'(惻隱之心), '수오지심'(羞惡之心), '사양지심'(辭讓之心), '시비지심'(是非之心)이라는 네 가지 단서가 본래부터 주어져 있으며, 이것이 인간을 다른 존재와 구별하게 하는 본질이라고 설명했습니다. 따라서 인간은 근본적으로 도덕적 완성으로 나아갈 가능성을 지닌 존재로 이해하게 되는 것입니다.

반면, 순자는 인간의 본성이 악하다고 보았으나, 그 또한 인간이 교육과 수양을 통해 도덕적 존재로 변화할 수 있는 가능성을 가진다고 생각했습니다. 이는 인간의 존재가 단순히 주어진 본성에 머무는 것이 아니라, 계속해서 도덕적 수양을 통해 자신을 완성해 가는 과정적 존재임을 강조하는 시각입니다.

정리하면, 유교는 인간을 '하늘로부터 도덕적 본성을 부여받은 존재', 그리고 '수양을 통해 그 본성을 드러내고 완성해 가는 존재'로 이해합니다. 인간은 단순히 생존하는 존재가 아니라,

스스로 본성을 바탕으로 타인과 관계를 맺고 사회적 조화를 이루며, 궁극적으로는 천(天)과 합일하는 존재로 보는 것입니다. 즉, 유교에서 인간은 본래부터 도덕적 성향을 지닌, 하늘과 연결된 도덕적 주체적 존재라고 할 수 있습니다.

유교적 관점으로 보는 당신은 어떤 존재라고 느껴지십니까?

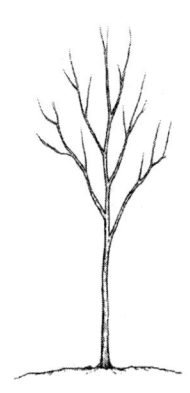

지금까지 각 종교를 통해 인간 존재에 대한 이야기에 대해 말씀드렸습니다. 각자 신봉하는 믿음의 종교에 대해 좀 더 깊이 자신의 존재를 들여다보아도 좋을 것입니다. 저는 여러 종교를 대하면서 모든 종교의 시작은 하나의 뿌리에서 나온, 하나의 존재라고 생각하게 되었습니다.

시작은 하나인데 왜 서로를 다르다고 생각하고 서로를 인정하지 못하고 있는 것일까요? 또 다르다고 생각하는 그것은 도대체 무엇일까요? 종교의 시작 이전에 우리는 어떤 존재였을까요?라는 물음을 해봅니다.

이제, 철학자들의 명언을 통해 그들은 인간의 존재를 저마다 어떻게 생각하고 자각해왔는지 알아보도록 하겠습니다. 내가 경험한 것, 내가 인식하고 있는 문제에 대해 타인의 시각과 생각을 엿볼 수 있습니다. 철학자들의 명언을 통해 나는 어떤 의식으로 세상을 보고 있는지도 비교하고 느껴볼 수 있을 것입니다.

프리드리히 니체

'신은 죽었다. 그리고 우리는 그를 죽였다'

소크라테스

'너 자신을 알라'

르네 데카르트

'나는 생각한다, 고로 나는 존재한다'

카를 구스타프 융

'너의 내면을 들여다보라. 거기에는 아직 발견되지 않은 진리가 있다'

마르틴 부버

'나는 너를 통해 내가 된다'

마하트마 간디

'진리는 신이다'

장 폴 사르트르

'인간은 자기가 스스로 만드는 존재다'

당신은 누구의 어떤 명언이 마음에 깊숙하게 다가오나요? 눈으로 보는 시각적 만족이 아닌 혜안(慧眼)과 심안(心眼)의 눈을 뜰 때입니다.
종교와 철학을 넘어 자신을 발견하기를 기대해 봅니다.

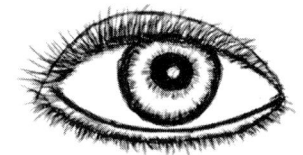

6 영원한 삶, 자기완성으로의 여정

'만약, 내가 영원한 삶을 살 수 있는 존재라면, 나는 지금 이 순간을 어떻게 살아야 할까?' 우리는 '삶'으로 시작하여, '죽음'으로 끝을 맞이하게 됩니다. 시작과 끝이 같다면, '삶은 곧, 죽음이다'라고 생각해 볼 수도 있지 않을까요? 흔히 '삶'에 대해서는 많이 생각하지만, 죽음에 대해서는 얼마나 깊이 생각하며 또, 알고 있을까요? 불교에서 전하는 불생불멸(不生不滅)이나 기독교에서 이야기하고 있는 영생(永生)은 모두가 삶의 유한성을 초월하는 개념을 담고 있다는 점에서 공통점이 있습니다. 내가 만약 영원히 살 수 있는 존재인 것이 확실하다면, 지금 당장 내가 해야 할 일은 어쩌면 현실적인 고통에서부터 벗어나는 일인지 모릅니다. '나'는 원래 완전했던 존재로 태어나서 불완전한 존재가 되었고, 이제 다시 원래 상태였던 완전한 존재로 부활하기 위한 과정의 시간이 필요합니다. 앞으로 지속할 영원한 삶을 지금처럼 고통스러운 상태로 살지 않기 위해서라도, 나를 다시 본래의 완전했던 존재이자, 온전한 존재로 만드는 일이 내가 해야 할 일이며, 그 과제를 아직 완전히 완성하지 못했기 때문에 이 세상에 다시 태어난 것인지도 모릅니다. 우리의 탄생은 완성을 위한 절호의 기회인 것입니다. 이것이 짧은 삶(현생)에 매몰되지 않고, 영원한 관점에서 삶의 의미를 찾아야 하는 이유입니다. 그리고 이 일의 완성은 성급하게 진행해서 이루어지는 일은 아니므로 초조하지 않게 여유를 가지고 차근차근 진행하는 단계를 거쳐야 합니다. 외적인 풍요로움이 내면의 공허함을 채워주지는 못할 것입니다. 어떤 분은 영생의 존재를 부정하며 믿지 않을 수도 있고, 상상조차 해보지 않은 문제라서 믿고 싶지 않을 수도 있을 것입니다만, 어떻게 생각하고 어떻게 인식하는 것이 보다 나은 삶이 될 것인지에 대해서는 나름대로 각자 판단의 몫입니다. '영원의 존재'를 믿는 사람과 '현생(現生)에서 육체의 죽음을 끝'이라고 생각하는 사람의 삶은 현재를 살아가는 방식에서 큰 차이를 보일 수밖에 없을 것입니다. 왜냐하면, 그것은 삶의 뚜렷한 목표와 이루고자 하는 가치관이 근본적으로 다를 수밖에 없기 때문일 것입니다. 영원한 존재를 믿는 사람의 삶의 목표는 현세에서 흔히 말하는 인생의 성공을 넘어, 영원한 삶을 살기 위한 필요한 가치를 쌓는 데 초점을 두게 될 것입니다. 따라서 눈에 보이지 않는 영적인 성장, 도덕적 순결, 이웃에 대한 사랑, 그리고 진리 추구와 같은 개념에 높은 가치와 우선순위를 둘 것입니다. 물질적인 부와 사회적 성공은 이차적인 목표로 여기거나, 그것보다 좀 더 큰 가치와 목표를 위한 수단으로서만 여기게 될 것입니다.

회사원 A 씨는 퇴근 후에 가끔, 저녁 봉사 활동에 참여하거나 종교 서적을 읽는 등 자신을 계발하고 의미를 부여하는 데 시간을 보냈습니다. 회사에서 승진 기회가 있었지만, 더 많은 시간과 에너지를 영적인 성장에 집중하기 위해 스스로 좋은 기회까지 포기했습니다. A 씨에게는 세상에서 말하는 소위, 성공의 길보다 자신의 내면을 가꾸고 타인에게 봉사하는 삶이 더 중요하다고 생각했기 때문입니다.

B 씨는 죽음 이후에는 아무것도 존재하지 않는다고 믿습니다. 그래서 그는 '마치 오늘이 마지막인 것처럼 살자'는 신념으로, 주말마다 새로운 취미를 배우고, 각종 동호회 활동을 하며 틈나는 대로 세계 곳곳을 여행하는 삶을 선택했습니다. B 씨에게는 미래의 불확실한 가치보다, 지금 당장 행복하고 만족스러운 경험을 하는 것이 가장 중요한 삶의 목적입니다.

육체의 죽음이 끝이라고 생각하는 사람에게 중요한 것은 '지금, 여기'입니다. 그래서, 그들에게 삶의 목표는 현재의 행복과 지금의 만족을 극대화하고 그것을 이루기 위해 살아가는 것입니다. 요즘, 흔히 젊은 사람들 사이에서 '소확행'(小確幸/소소하고 확실한 행복)이라는 말을 자주 사용하기도 합니다. 자아실현, 경험 쌓기, 행복 추구, 그리고 물질적인 풍요를 누리는 사회적 성공에 가장 큰 우선순위를 둡니다.

영원한 존재를 믿는 사람은 현재의 고통과 역경쯤은 영원한 삶을 위한 일시적인 과정이거나, 영적인 성장의 기회로 여깁니다. '이 고난이 나를 더욱 강하게 만들 것이다'라는 믿음으로 어려움을 긍정적으로 받아들이는 강력한 '동기부여'가 되어 주는 것입니다.

쉽게 고칠 수 없는 병을 얻은 A 씨는 좌절하기보다, 현재 남아있는 시간을 통해 삶의 본질을 돌아보고 주변 사람들과의 관계를 더 친밀하게 만들었습니다. 그는 이 고통이 자신을 겸손하게 하고, 영원한 존재를 준비하는 중요한 과정이라고 믿으며 평온한 마음으로 병마와 싸우고 있습니다.

육체의 죽음이 끝이라고 생각하는 사람에게 고통은 최대한 피해야 할 대상입니다. 현재의 행복을 방해하는 가장 큰 장애물이기 때문입니다. 고통을 견디기보다는 빠르게 해결하거나 회피하는 데만 집중합니다.

B 씨는 힘든 인간관계에 직면했을 때, 상대방과 관계를 개선하려고 노력하기보다 상대방을 단절해 버리는 방법을 선택했

습니다. 그는 짧은 인생을 불필요한 고통과 괴로움 속에서 보내고 싶지 않았기 때문에, 자신의 내적 평화를 위해 빠르게 관계를 정리하는 것이 오히려 현명하다고 생각했습니다.

영원한 존재를 믿는 사람은 '시간'을 단순한 물리적 흐름이 아닌, 영원한 가치 창출의 소중한 기회로 보게 됩니다. 따라서 시간을 낭비하기보다는 기도, 명상, 학습 등 자신을 완성하는 데 사용하려 합니다.

A 씨는 매일 새벽 일찍 일어나 기도와 명상을 하며 하루 일과를 시작합니다. 그는 이 시간이 자신의 마음을 정화하고, 신성한 기운과 연결되는 가장 중요한 시간이라고 믿기에, 이 시간을 가장 소중히 생각했습니다.

육체의 죽음이 끝이라고 생각하는 사람에게 시간은 유한한 자원입니다. 삶이 끝나는 순간 모든 것이 사라지므로, 가능한 한 많은 경험을 하고 즐거움을 누리는 데 시간을 사용하려고 합니다.

B 씨는 '인생은 한 번뿐'이라는 생각으로, 주말마다 파티에 참석하거나 여행을 떠났습니다. 그는 미래의 계획을 세우기보다,

지금 당장 행복을 느낄 수 있는 활동에 시간과 돈을 아낌없이 투자했습니다.

영원한 존재를 믿는 사람에게 죽음은 끝이 아닌, 다음 단계로 넘어가는 통로입니다. 죽음은 두려움의 대상이 아니라, 영원한 삶에 도달하기 위한 자연스러운 과정으로 받아들이게 됩니다.

A 씨는 노년에 자신의 삶을 돌아보며 평화롭게 죽음을 맞으려고 합니다. 그는 죽음 이후 더 나은 세상이 있을 것이라고 믿기 때문에, 두려움 없이 가족들에게 작별을 고하고 삶을 마무리하고 싶어 합니다.

육체의 죽음이 끝이라고 생각하는 사람에게 육체의 죽음은 모든 것의 끝이자 소멸을 의미합니다. 삶의 의미는 오직 육체가 살아있는 동안에만 존재하며, 이 때문에 죽음에 대한 두려움이 더 크게 느껴질 수도 있습니다.

B 씨는 죽음의 의미를 상실과 소멸로 보았습니다. 그는 죽음이 자신의 존재를 완전히 없애버린다고 생각했기 때문에, 남은 인생을 어떻게 하면 더 행복하게 살 수 있을지에 대해 끊임없이 고민했습니다.

영원한 존재를 믿는 사람은 타인의 존재를 그저 '잠시 스쳐가는 존재'가 아니라 영원한 여정을 함께하는 동반자이자 존중해야 할 존재로 여깁니다. 따라서 다른 사람에게 책임감을 느끼고, 더 나은 공동체를 만드는 데 기여하려고 합니다.

육체의 죽음을 끝이라고 생각하는 사람은 타인과의 관계를 '현재의 행복'을 위한 수단으로 여길 수 있으며, 공동체에 대한 의무보다는 개인의 자유와 만족을 더 우선시하게 되는 것입니다. '나'라는 존재의 근원을 아는 것은, 험하고 힘든 세상의 역경 속을 헤쳐나갈 수 있는 힘을 줍니다. 우리 육체는 지탱하는 몸의 중심이 무너지면 앞으로 한 걸음도 나아갈 수 없게 됩니다. 내면도 마찬가지로 중심이 바로 서지 않고서는 삶을 온전히 살아내기란 여간 힘든 일이 아닙니다. '나'라는 존재를 아는 것은 내가 어디를 향해 가는지, 무엇을 해야 하는지를 알 수 있게 합니다. 내면의 중심을 잡고 자신만의 길을 걸어가는 것이 곧 삶의 여정이고, 그 여정의 길을 가는 과정이 바로 인간으로 완성되는 기회가 주어지는 것입니다. 이 과정을 새로운 인간으로 다시 거듭 태어난다고 생각해도 좋을 것이며, 자신을 탈피하여 완전히 새로 깨어나는 인간이라 표현해도 좋을 것입니다. 거짓된 자아의 껍데기를 벗고 진정한 내가 되는 방법을 간절하게 찾기를 원한다면, 당신은 자신이 원하는 그것, 즉 진정한 '나'를 반드시 찾을 수 있게 될 것입니다. 불교에서 이르길, 모든 인간의 삶에는 고통이 존재하며, 그 고통에는 반드시 원인이 있다고 합니다. 그 원인을 알아차리고 제거하면 고통도 끝이 나는 것이며 비로소 열반에도 들 수 있게 된다고 합니다. 기독교에서는 선악과를 먹은 죄로 인해, 하나님과 멀어진 인간을 구원하기 위해 예수그리스도가 오셨고 그를 믿는 것이 '생명이요, 진리요, 길이다'라고 하였습니다. 완성된 인간, 즉 도를 갖춘 성숙한 인간으로 거듭나는 과정은 동, 서양의 철학과 종교에서 표현 방법이 조금 다를 수 있지만, 궁극적으로는 공통적인 이야기를 주장하는 것을 알 수 있습니다. 완성된 인간으로 나아가는 길은 내가 누구인가라는 물음으로 시작되며 참 나와 세상의 진리를 알고 그 깨달음을 바탕으로 마음을 닦으며 일상 속에서 덕을 행하고 마침내, 나와 만물이 하나임을 체험하는 것입니다.

인간은 거쳐야 자신을 좀 더 성숙하게 완성 시킬 수 있게 되는 것일까요? 그 첫 단계는 바로 '자신의 무지(無知)'를 깨닫는 일입니다. 사람은 보편적으로 자신이 꽤 많은 것을 알고 있다고 착각하며 살아갑니다. 하지만 깊은 성찰의 순간, 우리는 자신의 지식이 얼마나 얕고, 짧으며, 삶에 대한 이해는 또, 얼마나 피상적이었는지 곧 직면하게 됩니다. 이 순간은 단순한 지식의 부족이라는 단편적 차원의 무지가 아니라, 삶의 본질과 자신의 진정한 존재에 대한 무지를 깨닫게 되는 것입니다. '나는 내가 모른다는 것을 모른다'는 완전히 무지한 상태에서 '나는 내가 모른다는 것을 안다'의 상태로 다소 발전해 나갑니다. 소크라테스가 '나는 내가 아무것도 모른다는 것을 안다'고 말한 것이 바로 이 단계의 핵심입니다. 자신의 한계와 무지를 인정하는 겸손함이 이 여정의 첫걸음인 것입니다. 그리고, 독서, 여행, 다양한 사람과의 대화 등을 통해 익숙한 나만의 세상에서 벗어나 새로운 관점과 마주하게 됩니다. 이를 통해 '내가 아는 것이 전부가 아니구나'라는 깨달음도 얻게 될 것입니다. 주변에는 힘든 고난의 시련을 겪은 후 종교를 만난 후부터 안정을 찾는 분들이 많습니다. 자아에 이끌려 살다가 좌절하고, 실패한 후 자신의 교만함을 내려놓고부터 낮아지고 작아지는 자세로 절대자를 찾는 경우입니다.

많은 사람이 교만한 마음으로 병들어 가고 있는 이 시대, 이제는 인공지능과 인공지능을 탑재한 휴머노이드 같은 로봇의 등장으로 인해 자신을 비교하거나 경쟁을 할 수 없는 상태에 이르렀습니다. 그리고 이제야 서서히 자신의 무지함을 깨닫는 사람이 자연스럽게 증가하고 있는 상황에 직면하고 있습니다.

우리가 자신의 무지를 깨닫는 순간, 오만함은 사라지고 낮은 자세로 배우려는 겸손한 호기심이 피어날 것입니다. 이 호기심은 타인의 이야기에 귀를 기울이게 만들기도 합니다. 단순히 듣는 시늉만을 하는 것이 아니라, 진정으로 상대의 세계를 이해하려는 진정성 있는 태도가 시작되는 것입니다. 그리고, 이러한 태도는 자연스럽게 경청하는 자세로 이어지게 될 것입니다. 상대방의 말속에는 내가 알지 못하는 지혜와 경험이 숨어 있을 수 있다는 사실을 알기 때문에, 판단하려 하기보다는, 그 이야기가 담고 있는 의미를 순수하게 받아들이려 노력하게 됩니다. 이처럼 무지로부터 시작된 호기심과 경청의 자세는 진정한 소통의 문을 열게 합니다. 서로가 '나는 모든 것을 안다'라고 생각하는 사고의 벽을 허물고 '나는 너에게 배울 수도 있다'라는 열린 마음으로 다가설 때, 비로소 마음이 통하는 깊이 있는 대화가 가능해질 것입니다.

결국, 무지를 깨닫는 것이 바로 소통의 시작인 셈인 것입니다. 자신이 모른다는 것을 인정할 때, 우리는 비로소 다른 사람의 말에 귀 기울이는 경청과 소통으로 함께 연결되고, 함께 성장하는 의미 있는 관계를 만들어 갈 수 있습니다.

무지를 자각한 후에는 본격적으로 자신의 내면을 탐구하는 단계에 들어서게 되는데, 이 시기에는 외부 세계가 아닌, 오직 자기 자신에게 초점을 맞추게 됩니다. '나는 왜 이런 감정을 느끼는가?', '나는 무엇을 두려워하는가?', '나의 진정한 욕망은 무엇인가?'와 같은 근본적인 질문을 스스로에 던지며 내면의 거울을 닦습니다. 자문자답을 통해 자기발견이 시작되는 것입니다. 이 단계는 자아(ego)가 만든 환상과 오해를 걷어내는 과정입니다. 명상, 일기 쓰기, 심리 치료 등을 통해 무의식 깊숙한 곳에 숨겨진 상처, 욕망, 편견 등을 마주하며 정화합니다. 자신의 모습을 있는 그대로 받아들이는 용기가 필요한 때입니다. 하루에 5분 만이라도 조용히 앉아서 자신의 생각과 감정을 관찰하는 명상을 시작해 보시길 권해 드립니다. 어떤 판단도 하지 않고, 그저 흐르는 물처럼 마음의 움직임을 지켜보는 것만으로도 내면의 풍경이 훨씬 선명하게 보일 것입니다.

분주하고 혼잡한 아침 시간, 바쁜 직장인과 학생들로 길게 줄을 선 버스정류장에서 누군가 새치기를 시도하고 있다고 상상해 보세요. 줄을 서 있는 사람 중에는 분노를 터뜨리며 욕설을 하는 사람도 있을 것이고 불같이 화를 내며 강하게 불만을 표출하는 사람도 있을 것입니다. 물론 새치기는 당연히 해서는 안 되는 행동이지만, 그럼에도 명상 수련을 한 사람이라면, 감각이 예민해지고, 분노가 치밀어 오르기 전에, 먼저 심장이 빠르게 뛰고, 가슴이 답답해지는 느낌을 알아차리게 될 것입니다. 내면의 신호를 통해 '아, 지금 내가 화가 나기 시작하는 구나'라고 인지하며, 자기감정에 더 이상 휩쓸리지 않고 한 템포 쉬어갈 수 있는 여유가 생길 것입니다. 누군가 화를 유발하더라도 내면을 다스려 화를 가라앉힐 수 있게 되는 것입니다.

많은 사람 앞에서 중요한 발표를 앞두고 있을 때, 머릿속으로는 오직 '잘해 내야 한다'는 생각만으로 가득할 것입니다. 발표를 앞두고 온몸이 긴장되거나 배가 살살 아프거나, 손에 땀이 나는 것을 경우도 있을 것입니다. 이것은 '불안'이라는 추상적인 감정이 내 몸의 감각을 통해 현실로 드러나는 순간입니다. 이 느낌을 객관적으로 바라보게 되면 불안의 원인을 파악할 수 있고, 심호흡을 통해 몸의 긴장을 풀어주는 등 적극적으로 대처할 수 있게 됩니다.

배가 고프지 않은데도 자꾸 냉장고를 열어 간식을 찾거나, 스마트폰을 습관적으로 만지작거리는 경우가 있습니다. 이때 명상 수련을 한 사람은 '배고픔'이라는 신체적 느낌이 아니라, '지루함'이나 '스트레스'와 같은 감정 때문에 무언가를 먹으려 한다는 것을 알아차리게 될 것입니다. 이처럼 자신의 행동을 유발하는 내면의 '진짜 이유'를 느낌으로 발견하고, 습관을 통제할 수 있는 힘을 얻게 됩니다. 메타 인지적으로 나를 보면 마음을 닦는 것이 쉬워 집니다.

내면의 거울이 깨끗이 닦이게 되면, 비로소 자신을 넘어선 존재의 본질과 마주하게 될 것입니다. 이 단계에서는 '나'라는 작은 자아(ego)가 우주와 분리된 개체가 아니라, 모든 존재와 연결된 더 큰 흐름의 일부라는 사실을 깨닫게 될 것입니다. 불교의 '중생(衆生)이 부처', 힌두교의 범아일여(梵我一如), 기독교의 '하나님의 형상'(Imago Dei)이 모두 이 단계에서의 깨달음을 다르게 표현한 것이라고 생각합니다.

'나'라고 하는 작은 자아의 경계가 허물어지면서, 모든 생명이 서로 연결되어 있다는 깊은 통찰을 얻습니다. 이 깨달음은 삶의 모든 고통과 번뇌의 원인이 바로 '나'라는 분리된 의식에 대한 집착이었음을 알게 됩니다.

자연 속에서 여유롭게 시간을 보내거나, 타인과의 깊은 동질적 공감을 통해 모든 존재가 하나로 연결되어 있다고 느끼는 경험을 해 본다면, 이성적인 이해를 넘어서서 가슴으로 느끼는 깨달음을 자신에게 선사하는 벅찬 여운을 느낄 수 있게 될 것입니다.

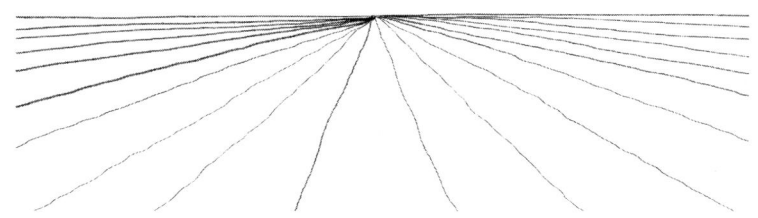

밤하늘에 떠 있는 무수히 많은 별을 바라보며, '나'라는 존재가 얼마나 작은 존재인가를 느끼는 순간, 평소에는 아주 심각한 문제라고 생각했던 나의 걱정과 고민이 별빛 아래서만큼은 한없이 미미하고 초라하게 느껴질 것입니다. '나'라는 육체의 경계가 사라지고, 온몸이 밤공기와 별빛의 일부가 된 것처럼 느껴집니다. 이때 우리는 '나'라는 개별적인 존재를 넘어, 별과 우주가 되어 존재하고 있다는 깊은 통찰과 함께 형언할 수 없는 평화로움을 경험할 수 있게 될 것입니다. 가장 작은 '나'에서 가장 큰 '나'로의 연결인 것입니다.

화가, 서예가, 공예가, 작곡가, 연주자, 작가 등 예술가들이 자신의 작업에 완전히 몰입하여 시간 가는 줄 모르는 상태를 '플로'(Flow)라고 합니다. 이 몰입의 순간은 개별적인 '내'가 사라지고, 창조적 에너지와 하나가 되는 경험을 하게 되는 순간입니다.

한 서예가가 붓을 들고 글을 쓰기 시작합니다. 처음에는 '어떻게 쓸 것인가'하는 의식적인 생각이 들지만, 시간이 지나면서 그 생각은 사라집니다. 이제 붓을 잡은 손이 의지와 상관없이 자유롭게 움직이며, 글이 스스로 완성되어가는 듯한 느낌을 받습니다. 순간 서예가는 '내가 글을 쓴다'는 생각을 넘어서, '내가 곧 붓이고, 먹이고, 화선지이다'라는 깊은 합일감을 느끼게 됩니다. 이런 경험은 자신의 존재가 단순히 글을 쓰는 서예가가 아니라, 창조적 에너지 그 자체라는 사실을 깨닫게 됩니다. 삼매의 세계에서 만나는 초집중의 상태에서 몰입감으로 느끼는 합일의 희열감인 것입니다.

본질적인 깨달음이 무엇인가를 알았다면 이제부터가 시작입니다. 단지, 아는 것만으로 끝난다면 그것은 아무 소용이 없습니다. 그러나 실천을 행 한다는 것 역시 생각처럼 그리 쉽지만은 않을 것입니다. 이 단계는 깨달음을 현실의 삶으로 가져와 매일의 삶 속에서 실천하는 과정입니다. 자신이 가진 지혜를 혼자 간직하는 것이 아니라, 사랑과 봉사라는 형태로 세상에 베풀어 조화와 상생을 실현하는 것입니다.
'깨달음'이란 머리에만 머무르지 않고, 삶의 행동으로 이어질 때라야 완전해지는 것입니다. 이타적인 마음으로 타인의 고통을 나의 고통처럼 여기고, 세상을 더 나은 곳으로 만들기 위해 행동하게 합니다.

직장, 가정, 공동체 등 내가 속한 모든 곳이 깨달음을 실천하는 수행 장소입니다. 작은 친절을 베풀거나, 타인의 말을 진심으로 경청하는 것부터 시작할 수 있습니다. 한 사람의 긍정적인 행동이 주변 사람들에게 큰 영향을 미치게 되는 것입니다.

'향원천리'(香遠千里)라는 말이 있습니다. 좋은 향기는 멀리 천리를 가듯이 한 사람의 선한 영향력은 많은 사람에게 감동과 울림을 줄 수 있는 것입니다. 나의 깨달음에 대한 염원 못지않게 중요한 것은 나를 줄탁동시(啐啄同時) 해줄 누군가가 필요합니다. 나를 일깨워주는 조력자 없이는 깨달음에 이르기까지 시간도 오래 걸리고 힘이 들 수 있지만, 그 또한 하늘은 스스로 돕는 자를 돕는 법인 것입니다.

가끔은 복잡한 현실에서 벗어나 심신의 휴식을 위해 낯선 곳으로 여행을 떠나게 됩니다. '속세를 떠나 깊은 산중에서 도를 수행하는 사람'과 '사람 틈에 섞여 속세에서 도를 수행하는 사람' 중 누가 더 빠른 깨달음에 이르게 될까요? 이 질문에 대한 해답은 깨달음에 이르는 속도가 '어디에 있느냐'가 아니라 '얼마나 깊이 수행하느냐'에 달려 있다고 생각합니다.

깨달음은 외부 환경에서가 아닌, 내면의 변화에서 이루어지기 때문입니다. 속세를 떠나 홀로 수행하는 사람들은 사찰이나 깊은 산속에서 외부의 자극과 유혹을 완전히 차단합니다. 이를 통해 오직 자신의 내면에만 집중할 수 있는 환경을 만들어 수행하는 것입니다. 이렇게 세상과 단절하여 수행하는 수행자는 일상생활의 번뇌(재물, 관계, 명예 등)에서 벗어나 오직 수행에만 몰입할 수 있습니다. 외부 자극이 없으므로 마음의 탁기(濁氣)를 바르게 정화하고, 심신의 안정적인 경지에 쉽게 도달할 수도 있습니다. 하지만, 실제 세상과의 단절을 통한 깨달음을 현실에 적용하는 데는 어려움을 겪을 수도 있습니다. 왜냐하면, 세상과의 단절을 통해 얻은 깨달음은 관념적인 차원에만 머물 가능성도 있는 것이기 때문입니다.

모든 번뇌의 근원이 자기 자신으로부터 기인한다는 것을 깨닫기보다, 외부 환경의 부재로 인해 번뇌가 사라졌다고 착각할 수도 있는 것입니다. 속세에서 수행하는 사람들은 일상생활의 모든 순간을 수행의 장으로 삼아 직장, 가정, 인간관계 속에서 발생하는 번뇌와 감정들을 회피하지 않고 마주하며 수행합니다. 삶의 현장에서 직접 번뇌를 마주하고 다루기 때문에, 깨달음을 실제 삶에 적용하는 훈련을 끊임없이 할 수 있습니다. 번뇌는 외부가 아닌 내 안에서 비롯된다는 것을 확실히 깨닫게 됩니다. 속세는 어디로 도피할 곳도 없는 수행이기에 오롯이 더욱 깊은 깨달음으로 이어질 수 있습니다. 그렇지만 속세이기 때문에 이면에는, 수많은 외부 자극과 유혹 때문에 수행에 깊이 몰입하기 어렵고, 좌절하기도 쉬운 환경에 놓일 수 있게 됩니다.

순간순간 발생하는 유혹과 번뇌를 스스로 다스려야 하므로, 내면의 고요함을 얻는 데 더 많은 시간과 노력이 필요할 수 있습니다. 중요한 것은 '마음'의 태도일 것입니다. 누가 더 빨리 깨달음을 얻는지는 결국 개인의 의지와 마음가짐에 달려 있습니다. 속세를 떠난다고 해서 저절로 깨달음이 찾아오는 것도 아니고, 속세에 머문다고 해서 깨달음이 불가능한 것도 아닙니다. 속세를 떠난 사람이 속세를 그리워하거나 번뇌를 완전히 끊어내지 못한다면 깨달음은 요원한 것입니다. 속세에 있는 사람이라도 매 순간을 수행의 장으로 삼고, 번뇌에 휩쓸리지 않으려는 노력을 계속한다면 깨달음의 길을 걸을 수 있습니다. 어떤 길이든, 깨달음의 완성은 외적인 환경이 아니라 '마음을 어떻게 다루느냐'에 달려 있다는 진리를 보여주는 것입니다. '삶'이란 내가 어느 곳에 있는지가 중요한 것이 아니라 '삶' 자체가 인간이 완성되기 위한 수행의 장인 것인지도 모릅니다.

A 씨는 사정상 멀리 헤어져 살던 부모님과 다시 함께 살게 되면서 삶의 깊은 진리를 깨닫는 특별한 여정을 경험하였습니다. 이 과정에서 A 씨는 평소에는 알지 못했던 몇 가지 깨달음도 얻을 수 있게 되었습니다. 각자 자신의 생활 방식과 습관으로 살다가 부모님과 합가 하여 살게 되면서, 많은 부분에

서 양보와 조율이 필요해지게 되었습니다. 사소한 식습관에서부터 생활습관, 집안 대, 소사 처리 방식까지 서로의 차이를 인정하고 맞춰가는 과정에서 자신만을 생각하던 그간의 이기심을 내려놓게 되었습니다. 부모님의 불편함과 자식의 불편함을 서로 살피고, 가정의 평화를 위해 기꺼이 자신의 고집을 꺾기도 하고, 양보도 하는 경험을 통해 서로는 서로를 배려하는 마음과 진정한 겸손을 배우는 계기가 되었습니다. '합가'를 한다는 것은 단순히 부모와 자식 간의 부양 관계 의무를 넘어, 성숙하게 성장하는 커다란 깨달음의 장이 된 것을 느끼게 되었습니다.

마지막 단계는 영원히 지속하는 성장과 거듭남의 여정입니다. 완성된 인간은 고정되어 있는 상태가 아니라, 매 순간 새롭게 태어나는 역동적인 존재입니다. 끊임없는 수행과 실천을 통해 내면의 깨달음을 더욱 깊게 하고, 그 지혜를 삶의 모든 영역에서 펼쳐 나가게 됩니다. 변해야 할 것을 자연스럽게 받아들이고, 변하지 말아야 할 것은 닦아내는 삶을 실천하게 됩니다. '인간은 완성되거나 완성해야 할 것이 없는 그 자체'라는 것을 깨닫게 됩니다. 깨달음이 간절할수록 나의 '님'을 만나야겠다는 자각이 일어나며, 삶의 어떤 순간에도 겸손함을 잃지 않고, 늘 배우고 성장하려는 열린 마음을 가지게 됩니다.

'진정한 나'를 완성하기 위해 수행하고 생각하고 명상하며 깨달음을 얻을 수 있는 사람으로 언젠가는 성장할 수 있는 존재라고 스스로 굳게 믿는 것은 내일이라는 희망으로 오늘을 견디어 내는 것'과도 같습니다.

영원한 존재로서의 '내'가 현실 세상에서 해야 할 자기완성은 영원한 존재로 머물기 위해 감수해야 하는 당연한 노력일 것입니다. 지금 사는 이곳 현생에서조차 이데아를 모른 채로 살아간다면, 육신의 생을 마감한 뒤에는 더더욱 이데아를 찾아가기는 어려울 것입니다.

나의 존재를 안다는 것은 모든 것의 시작이자 끝입니다.
'나는 누구인가?'라는 질문에 대한 답을 찾는 것은 단순한 지적 호기심을 넘어서는 진리입니다. 자신의 존재를 깊이 이해하는 순간, 우리는 비로소 '내가 어디를 향해 가야 하는지', 그리고 '그 길을 가기 위해 무엇을 해야 하는지'에 대한 명확하고 뚜렷한 이정표를 얻게 될 것입니다. 이런 깨달음은 각자가 가진 존재의 본질에 따라 현생을 의미 있게 살아갈 힘을 줄 것입니다. 내가 어떤 존재인지, 어떤 삶을 원하는지 스스로 결정할 수 있게 되는 것입니다.

'진정한 나'는 영원히 살 수 있는 불생불사(不生不死)이며 생자필멸(生者必滅)의 존재임을 깨달은 사람과, 자신의 본질을 모른 채 '나'라는 작은 자아에 갇혀 살아가는 사람으로 구분하여 그 두 유형의 삶의 형태는 확연하게 다를 것입니다.

영원한 삶을 사는 존재라고 믿게 되면 현재의 삶은 영원한 여정의 한 부분일 뿐입니다. 이들에게 삶의 목적은 현세의 이익이나 쾌락에 있지 않습니다. 대신 영원히 이어질 가치를 쌓는 데 집중하며, 삶의 모든 선택을 영원의 관점에서 바라봅니다. 이들은 고통과 역경을 일시적인 시련으로 받아들이며, 더 큰 목적을 향해 나아갑니다. 현재의 고통은 영혼을 정화하고 성장시키는 필수적인 과정으로 여깁니다. 이것이 번뇌, 즉 보리인 것입니다.

순간적인 만족이 아닌, 사랑, 지혜, 도덕성 등 영원히 지속할 가치를 삶의 우선순위에 둡니다. 영원한 삶 속에서 인연에 따라 작용하므로 '나'와 '타인'의 관계를 일시적인 만남이 아닌, 영원히 연결될 존재인 상호 간의 관계로 인식하게 되며 정성스러운 마음이 생겨납니다.

한 기업의 CEO였던 K 씨는 큰 성공을 거두었지만 깊은 허무감을 느꼈습니다. '영원한 삶'에 대한 믿음을 갖게 된 후, 그는 자신의 존재가 유한한 육체를 넘어선 영원한 존재임을 깨달았습니다. 이후, 그는 회사를 경영하면서도 이윤을 넘어선 가치를 추구하기 시작했습니다. 직원들을 단순한 노동력이 아닌, 영원한 여정을 함께하는 동반자로 존중했고, 기업의 수익 대부분을 사회에 환원하며 빈곤층 아이들을 돕는 재단을 설립했습니다. 그에게 재물은 영원히 남는 가치가 아니었기에, 돈에 대한 집착을 내려놓고 타인을 위한 삶을 선택할 수 있었습니다.

췌장암 말기 진단을 받은 P 씨는 절망하지 않았습니다. 그녀는 자신의 육체는 사라지겠지만, 영혼은 영원히 존재한다고 믿었기 때문입니다. 그녀는 남은 시간 동안 가족들에게 사랑을 표현하고, 자신의 병원 경험을 통해 다른 환자들에게 용기를 주는 책을 썼습니다. 박 씨에게 죽음은 삶의 끝이 아니라, 새로운 시작이었기에 공포 대신 평온함으로 삶의 마지막을 준비할 수 있었습니다.

자신의 존재가 '육체'와 '나'라는 자아에 국한된다고 믿는 사람은 삶의 모든 것을 현세의 유한한 틀 안에서 해석합니다.

이들에게 죽음은 모든 것의 끝이며 소멸입니다. 그렇기에 이들은 남은 시간을 최대한 활용해 경험, 쾌락, 성공, 소유와 같은 것들에 집착하며 살아갑니다. 삶이 끝나는 순간 모든 것이 사라질 것이라는 불안감에 쫓겨 끊임없이 무언가를 성취하려 합니다. '나'의 가치를 사회적 지위나 재산 그리고 외모 등 외부적인 조건에서 찾게 됩니다. 외부의 보이는 물질에 치중되어 있는 것입니다. 고통은 현재의 행복을 방해하는 가장 큰 장애물로 여기며, 이를 회피하거나 억누르는 데 모든 에너지를 쏟고 집중합니다. 타인은 '나'의 행복을 위한 수단이나 경쟁 상대로 여기며, 깊은 내적 연결보다는 표면적인 관계를 맺게 됩니다.

L 씨는 '죽음 이후는 없다'는 생각으로, 남들보다 더 많은 업적을 이루기 위해 밤낮없이 일에만 몰두했습니다. 그는 40대 초반에 성공한 사업가가 되었지만, 끊임없이 더 큰 성공을 갈망했습니다. 목표를 달성할 때마다 잠시 행복을 느꼈지만, 그것은 금세 사라지는 공허함으로 바뀌었습니다. 그는 자신의 삶을 돌아볼 시간이 없었고, 성공이라는 목표가 사라지자 삶의 의미를 상실한 채 방황하게 되었습니다. 자아의 실현은 끝이 있는 것이 아니었습니다.

젊은 시절부터 '인생은 한 번뿐'이라고 믿었던 P 씨는 다양한 경험을 추구하며 살았습니다. 그는 매년 해외여행을 다니고, 최신 명품을 구매하며, 끊임없이 새로운 자극을 찾아다녔습니다. 하지만 나이가 들면서 쾌락도 무뎌지고, 소유했던 것들이 더 이상의 만족감을 주지 못하게 되자, 깊은 외로움과 공허함에 빠졌습니다. 죽음이 다가온다는 사실에 극심한 불안감을 느끼며, 자신이 쌓아온 모든 것이 결국 허무하게 끝날 것이라는 절망에 갇혔습니다. 유한한 삶은 우리를 자유롭지 못하게 하며 걱정과 불안감을 만들어 냈습니다. 조심히 살지 못하고 열심히 도록만 부추겼습니다.

'나'라는 작은 자아에 머무를 것인가, 아니면 불생불사의 존재로서 영원의 시각으로 삶을 완성해갈 것인가는 오직 나의 선택에 달려 있습니다. 어떤 생각을 결정하느냐에 따라 각자는 전혀 다른 세상을 살아가게 됩니다.

깨달음은 오감을 통해 인식하는 '생각하는 나'를 알아차리는 순간 시작됩니다. 바깥으로 향하던 시선을 거두어 내면의 빛을 비출 때, 비로소 나의 참된 존재가 드러납니다. '나'라고 믿어온 아상의 틀을 벗어날 때, 진정한 나를 보기 시작합니다.

자신의 존재를 안다는 것은 내가 어떤 삶을 원하는지 스스로 아는 힘을 얻는 일입니다. 존재를 깨닫게 되면, 그것은 모든 것을 아는 지혜의 문을 여는 것과 같습니다.

우리는 과거와 현재, 미래가 함께 공존하는 세계에 살고 있지만, 사실상 과거도 미래도 존재하지 않는 '지금 이 순간' 속에 있습니다.

이 순간을 온전히 살 수 있다면, 우리는 이미 영원한 존재로서 불안과 집착에서 벗어나 자유롭고 의미 있는 삶을 살아가게 됩니다.

답이 없는 질문을 스스로에 던지는 것은 내면의 틀을 확장하는 것이고, 열린 마음을 갖는 것은 타인의 인식이 나에게 스며들어 하나로 통합되는 영적인 성장을 할 수 있는 중요한 과정입니다. 이러한 모습은 거창한 수행이 아닌, 일상생활의 모든 순간에 스며들어 나타나게 됩니다.

'나는 누구인가?'와 같은 답이 없을 수도 있는 질문을 생각하는 것은 내 안의 고정관념과 한계를 깨는 행위입니다. 이것은 기존의 지식이나 믿음으로는 설명할 수 없는 영역으로 우리를 이끌어 줄 것입니다. 예를 들어, '사랑은 무엇인가?'라는 질문을 던져보면, 우리는 '연인 간의 감정'이라는 좁은 틀을 넘어, 부모의 희생, 친구의 의리, 심지어 자연에 대한 경외심까지 사랑의 범주를 확장할 수 있게 될 것입니다. 이처럼 답이 없는 질문을 통해 우리의 인식은 끊임없이 넓어지고, 삶을 바라보는 시야 역시 깊어지게 됩니다. 인식의 무한함을 느낄 때 우리의 잠재력도 무한하다는 것을 느낄 수 있게 됩니다. 나를 한정 짓는 것은 잠시 스쳐가는 인연을 붙잡고 있는 나의 인식일 뿐입니다.

'나'라는 존재가 우주와 연결되어 있다는 인식을 하게 될 때, 우리는 모든 생명체를 소중히 여길 수 있게 될 것입니다. 식물, 동물, 심지어 무생물까지도 각자의 존재 이유를 가진 귀한 존재로 보게 됩니다. 길가에 피어난 작은 들꽃을 보며 예전에는 그냥 지나쳤다면, 이제는 그 꽃이 싹을 틔우고 피어나기까지의 경이로운 생명력을 느끼며 감탄합니다. 이처럼 모든 존재에 대한 경외심은 나를 둘러싼 세상을 더 아름답고 풍요롭게 만듭니다.

힘든 일이 생겼을 때, 예전에는 좌절하고 분노했습니다. 하지만 이제는 '이 어려움은 나에게 무엇을 가르쳐 주려 하는가?'라는 질문을 던집니다. 그리고 그 답을 찾기 위해 내면을 탐구합니다. 이처럼 부정적인 감정조차도 나의 성장을 위한 중요한 기회가 되는 것입니다.

영적인 일상생활의 모습은 '나'라는 경계를 허물고, 세상과 하나로 연결되는 깊은 평화와 지혜를 갖게 해줍니다. '나'라고 하는 경계는 결국 경험하고 만들어진 '자아'라는 고정된 인식의 틀이 우리가 하나 됨을 가로막는 요인이 되는 것입니다.

삼매(三昧)를 통해 내면세계 경지에 이르면, 우리는 일상적인 의식의 세계와는 완전히 다른 경험을 하게 됩니다. 이때 외부세계와 '나'의 경계는 희미해지고, 그동안 나를 둘러싸고 있던 모든 것이 마치 허상처럼 느껴지기 시작합니다.

타인의 시선, 사회적 역할, 명예와 재물 같은 것이 이제 더는 중요한 개념으로 인식하지 않게 됩니다. 오직 내 안의 깊은 고요함만이 존재하며, 외부의 소음은 사라지고, 복잡했던 생각의 파도가 멈추는 순간, 우리는 진정한 '나'를 만나는 유레카(Eureka)를 경험하게 될 것입니다. 이렇게 경험한 유레카는 지식이나 논리를 통해 얻는 깨달음이 아닙니다. 내면의 초집중 속에서 오직 '느낌'으로만 다가오는, 언어로는 표현할 수 없는 본질적인 만남입니다. 나는 누구인지, 무엇을 위해 존재하는지, 삶의 모든 의문이 한순간에 사라지고, 그 자리에 완전한 존재로서의 '나'가 채워지는 경험입니다. 이 순간, 우리는 비로소 진정한 자아를 발견하고, 영원히 흔들리지 않는 내면의 평화를 얻게 되며, 누구에 의해서도 아닌 내 안의 단단한 고정된 기둥이란 것이 변화하는 나를 잡아주고 그 중심을 잡고 어떠한 외부환경에도 흔들림이 없는 자유로운 내가 됩니다.

'자재율'(自在律/개인의 내면에서 비롯된 도덕적 규범)로 '나'를 자아의 고정관념에서 벗어나, 진정한 도(道)로 완성하는 것이 인간의 완성일 것입니다. 이런 과정은 '자기완성'이라는 씨를 맺는 일이며, 마지막으로 육신에서 탈피하는 날이 오게 될 때 잘 여문 씨 하나 두고 떠나는 것과도 같은 일입니다. 여물지 않은 씨를 남기지 않고 가기를 간절히 바라봅니다.

7 세상과의 조화로운 소통

'깨달음을 얻은 사람'은 중심에 서 있으면서도 그 중심에 집착하지 않습니다. 그들은 흔들림 없는 내면의 힘을 바탕으로 삶의 모든 영역에서 주위에 깊은 울림과 영향력을 주게 됩니다. 그들은 어느 한쪽으로의 극단적 쏠림에 치우치지 않으며 본질이 무엇인지를 정확히 꿰뚫어 보며, 세상과 조화롭게 소통하고 죽음조차도 초월하는 자세를 보여줍니다. '깨달음을 얻은 사람'은 인위적인 노력을 하지 않아도 자연스러운 매력과 '아우라'의 기운이 뿜어져 나옵니다. 그들의 매력은 수려한 겉모습이나 화려한 언변에서 나오는 것이 아니라, 내면에 깊숙이 자리한 지혜와 고요함과 평화로움이 있기 때문입니다.

그들은 어떠한 상황에 놓이게 되더라도 결코, 감정에 쉽게 휩쓸리지 않습니다. 비난이나 칭찬에도 일희일비 하지 않으며, 세찬 폭풍우 속에서도 흔들리지 않는 나무처럼 고요하고 평온한 모습을 유지합니다. 이런 평온함은 주변 사람에게 안정감을 주어, 그의 곁에 있으면 마음이 온화해지고 따듯해지며 편안해지는 느낌을 받게 합니다. 또한, 그들은 겉모습을 치장하거나 있지도 않은 말을 꾸며내지도 않습니다. 그들의 눈빛에는 세상의 본질을 꿰뚫어 보는 지혜가 담겨 있어, 그저 바라보는 눈빛만으로도 깊은 신뢰감을 받을 수 있습니다. 거짓 없이 진정성 있는 태도는 사람의 마음을 움직이는 가장 강력한 힘입니다.

'깨달음을 얻은 사람'은 모든 사람을 편견 없이 대하며 깊이 존중합니다. 자신과 다른 의견을 가진 사람일지라도 배척하지 않으며 그 사람의 말에 귀 기울이며 경청하여 줍니다. 깨달음을 얻은 사람이 이런 마음의 상태를 항상 유지할 수 있는 이유는 그들이 무감각해서도 아니고 인간적인 감정이 없기 때문도 아닙니다. 모든 현상이 생기고 사라지는 것을 이미 잘 알고 몸과 마음으로 체득했기 때문입니다. 불교에서는 이런 상태를 '연기(緣起)'라고 하며, 기독교에서는 '주 안에서의 평안'이라고 표현하기도 합니다. 그들의 두뇌 중에서도 특히, 전전두엽 기관에서는 감정을 조절하는 능력이 뛰어나며, 명상 수련을 통해서 뇌의 편도체 반응을 줄여주어 흔들림 없는 평정심의 감정을 유지할 수도 있는 것입니다.

한 회사의 CEO인 P 씨는 회의 중 자신의 의견에 대해 반대의견을 피력한 직원에게 반대의견을 말하는 이유가 무엇인지 자세히 말해줄 수 있는지 차분하게 되물었습니다. P 씨는 자신의 권위를 내세워 상대를 제압하려 하지 않았고, 오직 '더 나은 결론'을 찾는 데 집중했습니다. 이러한 그의 태도는 직원들에게 존경심을 가진 CEO로 인식되었고, 회사 전체적인 분위기는 자유롭게 소통하는 문화를 만들 수 있는 힘이 되었습니다. 직원들은 그를 '인간적이고 존경할 만한 리더'로 생각하게 되었고 더욱 애사심을 갖게 되었습니다. 그는 단순한 경영자가 아니라 존재 자체로 리더십을 발휘하는 영적 리더로서도 능력을 갖추게 된 것입니다.

'깨달음을 얻은 사람'은 세상과 조화롭게 소통하며 살아갑니다. 그들은 '나'와 '세상'이 분리되어 있다는 이분법적인 생각에서 벗어나, 모든 존재가 하나로 연결되어 있다고 인식합니다. 그들은 상대의 입장을 자기의 입장이 되어 생각하고 이해하려 합니다. 상대방의 고통과 기쁨을 자신의 감정처럼 느끼기 때문에, 상대방은 진심 어린 공감을 통해 깊은 유대감을 형성할 수 있게 될 수 있는 것입니다. 또한, 갈등 상황에서는 어느 한쪽의 편에 치우쳐 서지 않고, 양쪽의 입장을 모두 공평하게 이해하는 중재자 역할을 합니다. 그들은 분쟁의 원인을 파악하고, 각자의 주장이 가진 의미를 찾아내어 모두가 수긍할 수 있는 해결책을 제시하며, 논쟁을 통해 상대를 제압하거나 이기려고 하지 않습니다. 그들은 지금까지 각자의 인식과 신념으로 살아온 과정을 알고 인정하기 때문에 다른 사람의 이견을 굳이 바꾸려 들지 않는 것입니다. 그 대신, 서로의 다름을 인정하고 존중하며 대화를 통해 새로운 가능성을 모색하는 것입니다.

이웃 간 층간 소음 문제로 갈등을 겪던 한 아파트 주민들 사이에서, 깨달음을 얻은 K 할머니가 중재에 나섰습니다. 젊은 부부의 고충과 윗집 노부부의 상황을 각각 따로 들어준 김 할머니는 '서로가 얼마나 힘들었을지 이해해요. 근데 각자 조금씩만 양보하면 모두가 편해질 수 있지 않을까요?'라고 말했습니다. 김 할머니의 따뜻한 공감과 진정성 있는 중재 덕분에, 주민들은 서로를 이해하게 되었고, 갈등은 해소되었습니다. 그녀의 존재 자체가 동네의 평화를 지키는 중심이 된 것입니다.

죽음의 두려움을 초월하고 깨달음을 얻은 사람의 창조성은 삶의 한계를 뛰어넘어 영원한 가치를 지닙니다. 이들에게 죽음은 모든 것의 끝이 아니라, 삶의 자연스러운 일부이자 다음 단계로 넘어가는 문임을 깨달았기 때문에, 삶의 마지막 순간까지 가서도 끊임없이 창조적인 활동을 펼쳐 나갑니다.

그들은 인간이 지닌 육체적인 한계 속에서도 내면의 지혜와 통찰을 담아 예술 작품을 만들어 내기도 합니다. 그들의 작품은 단순한 아름다움을 넘어, 삶과 죽음에 대한 깊은 철학적 메시지를 담고 있으며 많은 이들에게 영감을 줍니다.

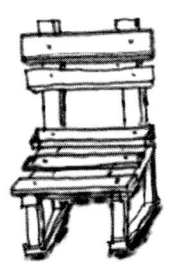

창조는 '무(無)에서 유(有)'를 만드는 기적처럼 보이지만, 어쩌면 이미 존재하는 것을 새롭게 발견하는 과정인 것 일 수도 있습니다. 우리의 의식이 성장하지 못해 보지 못했던 것들을, 깨달음을 얻게 됨으로 인하여 눈을 뜨게 되는 것입니다. 우리가 세상을 바라보는 시야는 가진 의식의 크기에 따라 제한되는 것입니다. 미개한 문명에 사는 사람들은 번개를 그저 신의 분노로만 여겼었지만, 의식이 성장한 사람의 눈에는 그 속에서 '전기'라는 새로운 물질의 존재를 발견할 수 있게 된 것입니다. 이처럼 우리는 의식의 수준이 높아질 때마다 세상 속에 숨겨진 또 다른 새로운 면을 마주하게 됩니다. 이러한 의미에서 창조는 이미 존재하는 것들을 연결하고, 조합하며, 새롭게 해석하는 능력에 가깝습니다. 우리가 '새롭다'라고 느끼는 모든 것은 사실 우주에 이미 존재하는 법칙과 요소들이 우리의 의식을 통해 재탄생한 결과입니다.

'깨달음을 얻은 사람'은 물질적인 세계 너머의 이면에 있는 비물질(非物質)을 보는 능력을 갖게 됩니다. 그들은 일반 사람들이 보지 못하는 것, 즉 사물과 현상 속에 숨겨진 의미, 에너지, 그리고 본질을 직관적으로 알아차리는 능력이 있습니다.

'깨달음을 얻은 사람'은 단순한 생물에 불과한 '나무'를 보면서, 그 속에 담긴 생명력, 우주적 순환, 그리고 자연의 조화를 느낍니다. '물' 한 방울을 보면서도 생명의 근원이자 모든 것을 포용하는 지혜를 읽어냅니다. 그들은 눈에 보이는 형태 너머의 본질적인 에너지를 느끼기 때문에, 평범한 것에서도 깊은 의미를 발견할 수 있습니다.

'깨달음'은 기존의 관념을 허물고, 전혀 새로운 시각을 갖도록 합니다. 미술가, 음악가, 과학자, 철학자 등 수많은 창조자들이 보여준 모습과도 많은 연관성을 갖습니다. 그들은 모두 의식의 확장과 내면의 깊은 통찰을 통해, 기존에는 없던 것처럼 보였던 창조물을 세상에 선보였습니다. 그래서 창조는 아예 존재하지 않았던 것을 만드는 마법이 아니라, '이미 존재하는 것'을 볼 수 있는 의식의 눈을 뜨는 과정인 것입니다. 깨달음을 얻은 사람은 이러한 의식의 눈을 통해 비물질의 세계를 보고, 그것을 물질적인 형태로 구현함으로써 진정한 창조를 실현하는 것입니다. 죽음에 대한 두려움이 없으므로, 세상의 기대나 관습에 얽매이지 않고 가장 자유로운 모습으로 살아갑니다. 이러한 자유로운 발상이 누구도 시도하지 못했던 독창적인 또 하나의 창조로 이어지게 되는 것입니다.

'나'를 통해 비추어지는 다른 사람의 모습의 근원은 결국 나의 모습입니다. 다른 사람을 향해 있는 시선의 방향이 곧 자기 자신을 향한 시선의 모습이므로, 다른 사람을 마땅치 않게 생각한다는 것은 곧 자신을 못마땅하게 생각하는 것이기도 합니다. 그러니 모든 사람을 어찌 사랑하지 않을 수 있겠습니까? 다른 사람을 보는 나의 눈은 곧 나 자신을 비추는 거울입니다. 사랑을 뛰어넘어 때로는 모든 것을 해탈한 듯한 모습으로 세상을 자애롭게 바라볼 수 있게 될 것입니다.

A 씨는 한때 회사 동료인 J씨를 보며 자주 못마땅한 감정을 느꼈습니다. J 씨는 매번 다른 사람의 의견에 휩쓸려 자신의 의견이나 관점은 아예 없는 것처럼 보였으므로, A 씨는 J 씨의 그런 모습을 보며 J 씨의 소신 없는 행동이 매우 답답하게 느껴졌습니다. '왜 J 씨는 자기 소신대로 행동하지 못할까?' 하는 생각에 자기도 모르게 비판적인 시선을 보내곤 했습니다. 하지만, 명상과 내면 탐구를 통해 나의 존재에 대한 깨달음을 얻게 되면서, A 씨의 시선은 완전히 달라졌습니다. A 씨는 더 이상 자신을 개별적인 육체나 자아로 인식하지 않았습니다. A 씨는 끊임없이 성장하는 의식을 보며 그 의식에 따라 보이는 모든 것이 곧 자기가 만드는 세상이라는 것을 직관적으로 느끼게 되었습니다. 이러한 깨달음 이후, A 씨는 J 씨를 다시 보았습니다. J 씨의 나약함은 더 이상 A 씨가 비판해야

할 대상이 아니었습니다. 그것은 곧 A 씨 안에도 숨겨져 있는 나약함의 그림자임을 알았기 때문입니다. J 씨의 모습은 A 씨의 내면에 있는 '결정 장애'와 '타인의 시선을 의식하는' 모습을 거울처럼 비추고 있었습니다. '타인을 보는 것이 나를 보는 것이니, 타인의 모습을 못마땅하게 생각한다는 것은 나를 못마땅하게 생각하는 것이다' 이 감정을 느낀 순간, J 씨에 대한 답답함은 한순간에 사라졌습니다. 그가 보여주는 모든 모습은 결국 A 씨의 일부였기에, J 씨를 비난할 이유가 없는 것이었습니다. 오히려 A 씨는 자신의 그림자를 마주하게 해준 J 씨에게 깊은 감사의 마음을 느끼게 되었습니다. 그의 나약함은 이제 저에게 '용서받아야 할 존재'가 아니라, '이해하고 품어야 할 존재'가 되었습니다. 타인을 미워하는 것은 나 자신을 미워하는 것과 같다는 것을 알게 되니 그를 더욱 사랑할 수 있게 되었습니다. A 씨는 J 씨를 보며 이제는 해탈한 듯한 웃음까지 짓게 됩니다. 그 웃음의 의미는 '네가 곧 나이고, 내가 곧 너이기에 우리의 모든 모습은 그 자체로 온전하다'는 깊은 깨달음에서 비롯된 웃음이었습니다.

이처럼 나라는 거울을 통해 타인을 비추어 보는 경험은 모든 관계를 사랑으로 승화시키고, 사랑을 실천하는 시작이 되었습니다.

'홍익인간(弘益人間)'이라는 사상은 단지 '널리 인간을 이롭게 한다'라는 표면적 의미에만 그치지 않는 깊은 영적(靈的) 의미를 담고 있습니다. 홍익인간 사상은 자신의 의식 수준이 높아져야만 더 넓은 빛을 세상에 비출 수 있다는 진리를 내포하고 있습니다. '나'라는 개별적인 존재의 성장이 곧 '너'라는 타인의 완성을 돕고, 궁극적으로 모두가 진정한 하나로 통합되는 자리이타(自利利他) 과정입니다.

K 씨는 처음부터 타인을 위하는 삶을 살았던 것은 아닙니다. 젊은 시절 그는 성공과 명예를 좇으며, 자신의 능력과 지식을 쌓는 데만 몰두했고, 다른 사람을 돕는 일은 자신의 몫이 아니라고 생각했고, 심지어는 타인의 불행을 보며 '저건 그 사람의 책임'이라며 외면하기도 했습니다. 그러던 어느 날, K 씨는 깊은 명상을 통해 자신의 내면과 마주하는 경험을 하게 됩니다. 그는 자신의 의식 수준이 낮았을 때 보지 못했던 것들, 즉 모든 존재가 서로 연결되어 있다는 깊은 통찰을 얻게 됩니다. 자신이 행복하면 주변 사람도 행복해지고, 한 사람의 고통이 결국 세상의 고통과 연결되어 있다는 것을 깨닫게 된 것입니다.

이 깨달음을 통해 K 씨는 자신의 의식을 성장시키는 것이 곧 세상을 이롭게 하는 길임을 알게 되었습니다. '홍익인간'이라는 사상이 머리로만 이해되던 개념이 아니라, 자신의 내면에서 우러나오는 진정한 사명이 된 것입니다. 그의 삶은 완전히 달라지기 시작했습니다. K 씨는 자신이 가르치던 학생들을 단순한 지식의 전달 대상으로 보지 않았습니다. 그는 학생 한 명 한 명에게 '자신의 의식을 성장시켜 세상을 이롭게 할 빛나는 존재'라는 믿음을 심어주었습니다. 덕분에 학생들은 스스로 가치를 깨닫고, 각자의 재능을 세상에 베푸는 리더로 성장했습니다. K 씨는 도움이 필요한 이웃을 볼 때마다 예전처럼 외면하지 않았습니다. 그는 그들의 고통이 '나의 고통'과 다르지 않음을 느낄 수 있게 되었습니다. '나를 통해 너의 어려움이 해결되고, 너를 통해 내가 완성된다'는 감사한 마음으로 기꺼이 자신의 시간과 재능을 나누었습니다. 이러한 K 씨의 삶은 많은 사람에게 영감을 주었습니다. 그가 만나는 사람들은 'K 씨를 만난 후 제 삶이 변했습니다'라고 말하며 그의 가르침을 따랐습니다. 이는 K 씨 혼자만의 성장이 아니라, 그의 높은 의식이 뿜어내는 빛이 타인에게 전해져 모두를 완성하는, 진정한 '나와 네가 하나가 되는' 조화로운 모습이었습니다. 결국, 홍익인간은 단순히 남을 돕는 행위를 넘어선, 내면의 의식 성장이 세상을 향한 빛으로 확장되는 영적인 여정입니다. 자신의 의식 차원이 높아질수록 더 많은 빛을 세상에 비출 수 있고, 그 빛은 '나와 너'의 경계를 허물어 모두를 하나로 완성하는 가장 위대한 힘이 되는 것입니다. 영성의 시대는 멀리 있는 것이 아니라 지금 이 순간, 우리의 선택 속에서 시작되고 있습니다. 당신은 영적인 힘이 느껴지시나요?

자아를 깨고, 나와 너의 경계를 허물며, 죽음을 초월한 창조성으로 살아갈 때, 우리는 하나의 거대한 빛으로 서로를 향해 비추게 될 것입니다. 그 빛은 곧 인류의 미래이며, 우리 각자가 만들어가는 새로운 문명의 토대가 될 것입니다.

8 '자아깨기'로 거듭나는 나

'거듭난다' 또는 '깨어난다'라는 말은 기존에 내가 가졌던 성향에서 새로운 지식을 습득하여 그것을 더하는 것을 넘어서, 인생과 자기 자신을 바라보는 근본적이고 원초적인 인식의 대변화를 의미하는 것입니다. 이것은 외부의 어떠한 불리한 조건과 환경에도 결코, 흔들리지 않는 내면의 역량을 강화하고, 자신의 진정한 본질을 발견하여 더욱 완전한 삶을 살아가게 하는 영적인 과정이라고 할 수 있습니다. '거듭남'이란 이전의 내가 죽고 새로운 내가 태어나는 것을 의미하는데, 여기서 죽는 '이전의 나'는 바로 자아(ego)에 갇혀 있는 '나'를 말하는 것입니다. '이전의 내가 죽는다'는 의미는 과거의 경험, 사회적 역할, 타인의 시선에 갇혀 지금까지 사는 동안 '이것이 곧 나'라고 착각했던 한정된 자아를 말하는 것입니다. 이전의 자아는 세상의 기준에 맞춰 살아가며, 두려움과 욕망에 쉽게 흔들렸던 '나'이기도 합니다. 다시 새롭게 태어나는 나는 육체와 자아를 넘어선, 모든 존재와 연결된 나의 진정한 본질입니다. 새로운 나는 삶의 고통과 번뇌를 극복하고, 매 순간 평화와 기쁨 속에서 살아갈 수 있는 잠재력을 지니게 됩니다.

고대 그리스의 철학자 플라톤은 '인간의 영혼은 원래 진리의 세계를 기억하고 있다'라고 하였습니다. 불교에서는 '부처'라는 개념으로, 누구나 본래 깨달음을 지니고 있음을 이야기합니다. 기독교의 '거듭남'(born again)은 옛사람을 벗고 새로운 피조물로 다시 태어난다는 선언입니다. 각자 다른 인생을 살고 다른 길을 걸으며 살고 있지만, '본질로 돌아감'을 갈구한다는 공통적인 이야기하고 있는 것입니다.

'깨어난다'는 것은 이렇게 나의 진정한 본질로 돌아감을 인식하고, 자아의 껍질을 깨고 나오는 과정입니다. 이는 삶의 모든 것을 새로운 시각으로 보게 되는 의식의 대전환점이 되는 계기가 될 것입니다. 양파의 껍질을 벗기듯 자아의 껍질을 벗겨내는 과정은 고통스러울 것입니다. 양파 껍질을 깔 때는 눈이 매워서 괴로움으로 눈물이 흘러내리듯, 자아를 깨는 과정에서도 피할 수 없는 과거의 상처와 두려움이 드러나게 될 것입니다. 그러나 이런 고통을 피하지 않고 자신과 당당히 마주할 때 우리는 더 깊은 자유의 세계로 나갈 수 있는 것입니다.
인간의 '거듭남'은 우리가 진짜 '나'라고 착각하는 겹겹의 껍질을 벗겨내는 과정입니다. 이 껍질들은 사회적 역할, 과거의 상처, 타인의 기대, 물질에 대한 욕망 등 일 것입니다.

'자아'(ego)라는 껍질, 즉 '나는 이런 사람이어야만 한다'라는 고정화된 관념을 벗겨내야만 진정한 자아를 만날 수 있게 됩니다. 거듭남은 한 번의 노력만으로 완성되는 것이 아닙니다. 끊임없는 자기 성찰과 깨달음을 통해 겹겹이 쌓인 가짜 '나'를 벗겨내는 과정은 생각보다 아주 긴 여정이 될 수도 있습니다. 자아의 껍질을 벗겨내는 과정은 자신의 치부와 아픈 상처에 직면하게 되는 아주 고통스러운 일입니다. 이 고통으로 인해 '나는 결코 이런 사람이 아니야'라는 회한의 눈물을 흘리게 될지도 모릅니다. 그리고 괴롭겠지만, 이런 마음의 통증은 누구나 반드시 거쳐야만 하는 필요불가결한 과정 중 하나입니다. 자신의 깊은 내면을 들여다보는 고통의 과정을 거쳐야만 더 깊은 깨달음으로 나아갈 수 있는 것입니다.

다 벗긴 양파 때문에 더 이상의 눈물은 흘리지 않아도 되듯이 거듭남 또한 마찬가지입니다. 모든 껍질을 벗겨내면, 그 중심에서 깨끗하고 완벽한 자신의 핵심을 만나게 됩니다. 자아의 모든 껍질을 벗겨내면, 마침내 순수한 '나'의 본질과 마주하게 되는 것입니다. 이 순간, 모든 고통과 번뇌의 근원이 '껍질'에 불과한 집착이었다는 통찰을 얻게 될 것입니다. 비록 처음에는 고통스러울지라도 한 꺼풀씩 스스로의 자아를 벗겨내다 보면, 결국 그 중심에서 자신의 본질을 분명히 만나게 될 것입니다.

거듭남에도 단계가 있습니다. 우리가 보통 '변화'라고 부르는 낮은 단계의 변화부터 '완전히 새로운 존재로 다시 거듭 태어나는' 높은 수준의 단계까지 다양하고 깊은 통찰의 단계를 거치게 됩니다. 가장 높은 수준의 '거듭남'을 이룬 사람들은 단순히 개인적인 깨달음을 얻는 것에만 그치지 않고, 깨달음을 바탕으로 세상 전체를 이롭게 하는 힘으로 발현될 수도 있습니다. 그들의 삶은 평범한 일반 사람의 삶과는 확연히 다른 모습을 보여주기 때문입니다. 가장 높은 수준의 거듭남은 자아(ego)의 한계를 완전히 벗어나게 된 상태입니다. 이 단계에까지 다다르게 되면 이제 더 이상 자신의 성공과 행복만을 추구하지는 않습니다. '나'를 넘어 '우리'를 완성하는 단계로 넘어가는 '삶'이기 때문입니다. 그들의 삶의 목적은 세상 모든 존재의 완성에 맞춰져 있습니다. 자아를 깨기 위해서 필요한 것 중의 하나는 '나'의 울타리를 넘어서는 것입니다. 진정한 깨달음은 개인적 차원에 머물지 않고, 공동체와 인류 전체를 향해 확장되는 것이기 때문입니다.

유명한 철학자들이나 깨어난 사람들은 죽음의 의미마저 초월하기도 합니다. 그들에게 죽음은 끝이 아니라, 영원한 존재로 회귀하는 자연스러운 과정이자, 삶의 마지막을 장식하는 가장 위대한 창조적 행위라고도 느껴집니다.

사람과의 관계 속에서도 '나만이 옳다'라는 자아의 목소리를 잠시 내려놓고, '우리가 함께 행복하기 위해서 필요한 것은 무엇일까?'라는 질문으로 전환하게 될 때, 갈등 상황이 될 수도 있는 인간관계에서 협력관계로 바뀌게 될 것이며, 이것이 곧 '나'를 넘어 '우리'를 완성하는 길이 될 것입니다. '거듭난 인간'으로서 누릴 수 있는 '자유'는 그저 자기가 하고 싶은 대로 모든 것을 행하는 '방종'(放縱)과는 근본적으로 다른 것입니다. '거듭난 인간'의 자유는 내면의 깊은 깨달음에서 비롯되기 때문에, 타인을 불편하게 만들거나 세상의 조화를 해치지 않습니다. 오히려 자연의 이치처럼 오차 없이 질서 정연하게 흘러가는 모습을 보여줍니다. 많은 사람이 '자유'라는 개념을 '내 마음대로 하는 것'이라고 생각하지만, 이런 생각은 자아의 욕망과 충동에 휘둘리는 방종에 불과할 뿐이며, 이런 자유는 결국, 타인에게 피해를 주고, 스스로에게도 혼란과 고통을 가져오게 할 것입니다. 진정한 자유는 자아를 넘어선 내면의 평화에서 오는 것입니다. 이렇게 다시 거듭난 인간이 누리는 자유는 차원이 다를 것입니다. 그들은 자신의 욕망과 감정의 주인이 되며, 욕망과 감정에도 휘둘리지 않습니다. 그들의 자유는 자연의 질서와 같습니다. 마치 차가운 강물 속으로 뛰어들고 싶다는 충동을 느낄 때, 그 충동을 잠시 관찰하고 '지금은 때가 아니다'라고 판단할 수 있는 내면의 힘을 가진 것처럼 말입니다. 이러한 힘은 타인에게 해가 되는 행동이나 무의미한 방황으로 이어지지 않기 때문에, 그들의 자유는 항상 평화롭고 조화롭습니다.

거듭난 인간은 외부의 규칙이나 법에 얽매이지 않고도, 마치 자연의 이치처럼 유순하게 살아갑니다. 해가 뜨고 달이 지며 사계절이 변화하듯이, 그들의 삶은 일정한 질서와 흐름 속에서 조화롭게 펼쳐집니다. 태양은 지구에 너무 뜨겁지도, 너무 차갑지도 않은 적절한 빛을 비추어 줍니다. 바다는 넘치지도 모자라지도 않게 자신을 유지하려 합니다. 마찬가지로, '거듭난 인간'은 자신의 의무를 다하고, 타인을 존중하며, 세상의 흐름에 순응합니다. 그들은 '도덕적이어야 한다'는 압박감 때문에 선을 행하는 것이 아니라, 선함 자체가 자신의 본성이기 때문에 자연스럽게 올바른 길을 걷게 되는 것입니다. 그들의 자유로운 행동은 항상 타인에게 유익하며, 세상의 균형을 유지하는 데 기여합니다.

깨어난 인간의 삶은 '규칙을 따르는 삶'이 아닌, '자연의 이치와 하나 되는 삶'의 모습입니다. 그들은 자유롭게 행동하지만, 자유가 방종이 아닌, 자연의 질서와 조화를 이루기 때문에, 세상과 충돌하지 않고 평화로운 삶을 살아갈 수 있는 것입니다.

현대 심리학자 빅터 프랭클은 '나치 수용소에서도 인간이 빼앗을 수 없는 자유가 있다'고 말했습니다. 이 말은 '상황에 어떻게 반응할지 인간이 스스로 선택하는 자유'입니다. 그는 자유의 본질이 바로 이런 내적 선택에 있음을 말하고 있는 것입니다.

'나를 부인한다'는 말은 흔히 자신을 무시하거나 가치를 낮추는 부정적인 의미로 오해되곤 합니다. 하지만 영적인 관점에서 '나를 부인한다'라는 말은 내가 진짜 '나'라고 착각하고 있는 '거짓된 자아(ego)'를 부인하는 것을 의미합니다. 거짓된 자아(ego)는 '나는 이런 사람이다'라고 규정하는 사회적 역할, 과거의 상처, 타인의 시선, 소유물 등을 바탕으로 하여 만들어진 허상에 불과한 것입니다. 이 자아는 끊임없이 자신을 보호하고, 우월감을 느끼려 하며, 두려움과 욕망에도 쉽사리 흔들거립니다. '나를 부인한다'라는 말은 이러한 거짓된 자아의 목소리에 귀 기울이지 않고, 그런 자아의 한계와 욕망을 내려놓는 행위를 말하는 것입니다. '자아 깨기'는 '나를 부인하는 것'으로 인하여 생성된 거짓된 자아, 집착, 편견, 오만, 두려움 등의 껍데기를 깨는 것을 말하며, 이 껍데기가 깨짐으로써 내 안의 순수한 본질, 바탕, 마음이 드러나게 되는 것입니다.

'나를 부인하는 것'이 능동적인 행위라면, '자아 깨기'는 그 행위의 결과로 일어나는 현상입니다. 내가 거짓된 자아의 목소리를 부인하고, 그 자아가 원하는 것을 내려놓을 때라야 비로소 자아의 껍질이 서서히 깨지기 시작하는 것입니다. 자아깨기는 단번에 끝낼 수 있는 일회성 이벤트가 아니라, 사는 동안 평생으로 이어지는 여정입니다. 매 순간 떠오르는 욕망, 두려움, 집착의 목소리를 인식하고 그런 감정을 내려놓는 과정의 반복 속에서 우리는 조금씩 '본래의 나'를 드러내게 될 것입니다.

독일의 철학자 하이데거는 인간을 가리켜 '존재를 망각한 존재'라 했습니다. 우리는 자아라는 작은 틀에 갇혀 더 큰 존재의 차원을 잊고 사는지도 모르지만, 자아 깨기를 통하여 잊었던 근원의 존재를 기억해 내는 경험을 할 수 있습니다.

신경과학계에서는 자아(ego)라는 것이 뇌의 '가상 모델'일뿐임을 밝혀내고 있으며, 명상과 같은 수련을 통해 뇌의 디폴트 모드 네트워크(DMN)가 잦아들면, 자아적 사고는 줄어들고 더 큰마음의 평화를 경험할 수 있다고 합니다.

'나를 부인하는 것'은 '자아 깨기'의 시작이 되는데, 이 말은 곧, 거짓된 나를 부인하는 실천이 있어야만 자아의 껍데기가 깨지는 경험을 할 수 있다는 것을 의미하는 것입니다. 이 둘의 관계를 깨는 것은 한 번의 시도로 해결할 수 있거나, 끝나지 않습니다. 순간마다 떠오르는 거짓된 자아의 욕망과 목소리를 부인하고, 그로 인해 자아가 조금씩 깨지는 과정을 계속하여 평생 반복하는 자신의 공부만이 결국 영적인 성장으로 인도하는 길이 될 것입니다. 자아 깨기는 '나'라는 좁은 틀에서 벗어나 우주와 연결된 진정한 '나'를 만나는 위대한 여정이며, 그 길은 거짓된 '나'를 부인하는 용기 있는 첫걸음에서부터 시작될 것입니다.

필연은 결과의 원인을 명확하게 알고 있으며, 그 원인에 따른 결과가 반드시 일어난다고 믿는 관점입니다. 예를 들어, 무거운 돌을 놓으면 땅으로 떨어지는 것은 중력이라는 원인을 알고 있기 때문에 필연적이라고 생각하는 것입니다. 우연은 결과의 원인을 당장 알 수 없거나, 여러 복합적인 요인이 얽혀 예상치 못한 결과가 나타났다고 보는 관점입니다. 하지만 이것은 원인이 없다는 뜻은 아니며, 우리의 인식이 그 원인을 아직 파악하지 못했을 뿐이라는 의미입니다. 즉, 우연은 '원인을 모르는 필연'일 뿐입니다. 우리의 삶에서 일어나는 모든 일은 수많은 원인과 결과의 연결로 이루어져 있습니다. 원인과 결과의 사슬을 어디까지 파악하느냐에 따라 필연과 우연으로 나뉘게 되는 것입니다.

지금 내 모습은 '우연'일까요? 아니면 '필연'일까요? 모든 결과에는 원인이 있는데, 단지 우리는 그 원인을 인식하지 못하거나 알아차리지 못하는 인생을 살았던 것이고, 그렇기에, 결과를 인정하지 못하고 원망과 핑계를 대는 삶을 다시 살게 되는 것이고, 이런 행위의 반복된 과정이 '본래의 나'로 살지 못하고 타인에 의한 삶을 살았다고 하는 결과였는지도 모르겠습니다.

앞서 우리는 원인을 알기 위해서 먼저 자아를 깨야 하며, 그래야만 '진정한 나'를 찾을 수 있음에 대해 알게 되었을 것입니다. 알지 못했기 때문에 우연이라고 생각했고, 알지 못해서 남의 탓을 했다면, 그 원인을 다시 깊이 통찰하여 자각을 통한 변화를 시작하는 것이 나를 완성하는 끝이 될 수 있는 것입니다. 그리고 이렇게 복잡한 원인과 결과의 사슬 속에서 내가 지금 하는 행위는 원인이고 결과입니다. 그렇다면 나에게 주어진 '자유의지'는 어떤 역할을 할 수 있는 것일까요? 바로 '지금'을 자유의지로 선택하는 행위는 미래의 결과에 대한 원인을 만드는 일이기도 한 것입니다. 과거의 원인에 의해 정해진 현재가 아닌, '나의 선택'이라는 새로운 원인을 만들어 미래의 결과를 결정하는 것. 이것이 바로 '자유의지'이자 예정론인 양립 결정론일 수 있습니다. 우리는 과거의 경험, 환경, 습관이라는 원인에 얽매여 살아가지만, '나는 지금 이 순간 다르게 행동하겠다'라고 선택하는 순간, 선택 자체가 미래를 만드는 새로운 원인이 될 것입니다.

'콩 심은 데 콩나고, 팥 심은 데 팥난다'

결국, 자유의지는 '과거의 원인'에 갇히지 않고, '현재의 선택'이라는 새로운 원인을 창조하는 힘이 되는 것입니다. 내가 지금 무엇을 생각하며, 어떤 말을 하고 있고, 어떻게 행동하는가에 따라서 미래의 내 모습이 확연히 달라진다는 것을 아는 것. 이것이 바로 '자유의지'가 우리에게 주는 메시지일 것입니다.

오랫동안 나를 힘들게 했던 사건들을 떠올립니다. '그때는 왜 그렇게 화를 냈을까?' 그것이 내 '자아'의 방어였구나!
이렇게 스스로 자각할 때마다 당신을 탄탄하게 감싸고 있는 자아의 껍질은 서서히 깨어질 것이고, 다음 날의 나는 더 자유로운 존재가 될 것입니다.

'자아깨기'와 '깨어남'은 '인간 존재'가 마주해야 할 가장 근본적이고 원초적인 길입니다. '나'를 버리는 길이 곧 진정한 '나'를 만나는 길이며, 그 길에서 우리는 개인적 울타리를 뛰어넘어 진정한 나와 하나 됨을 경험하게 될 것이며, 고통을 두려워하지 않고, 과감히 자신이 가진 껍질을 벗겨낼 때, 양파의 속살처럼 빛나는 본래의 본질이 드러나게 될 것입니다. 그때 마주하는 하늘은 분명 다르게 보일 것이며, 그때 느끼는 느낌은 나에게 마음껏 세상을 날 수 있는 자유로움을 달아 줄 것입니다.

제2편 꼭짓점 리더십
(Top Vertex Leadership)

프롤로그

인공지능의 시대가 열렸습니다. AI로 인한 상상조차 할 수 없는 거대한 변화는 단순히 기술적 혁신에 의한 결과만은 아닐 것입니다. 어쩌면, 인류가 오랜 세월 동안 치열하게 고민하고 번민하며 짊어져 온 사상과 관념적 생각이라는 괴로움을 덜어내주기 위해 도래한 결과물일지도 모릅니다. 인공지능은 인간이 굳이 깊이 생각하지 않아도 무엇이든 막힘없이 편리하게 해결해주길 바라는 마음의 노력의 결과일지 모르지만, 그 이면에는 인간의 효능감과 존재 자체의 의미를 잃어버릴 수도 있을 것이라는 걱정과 두려움이 함께 숨어 있기도 합니다. 그렇다면, 이제 우리는 스스로에 물어야 할 것입니다. '인공지능과 인간을 본질적으로 구분 지을 수 있는 것은 무엇인가?'에 대해서 말입니다. 먼저, 여러분은 스스로의 존재 자체를 인정하고 있나요? 지금, 있는 그대로의 모습을 인정하지 못한다면 이미 존재로서의 의미는 상실되었다는 것이고, 한편으로는, 인정받기 위해 더 나은 인간으로의 진화가 필요할 수 있다는 것입니다.

인간은 단순히 지식과 기능만을 가진 기계적 존재가 아니라, '존재' 그 자체라는 사실입니다. 존재를 인식하고, 존재를 인정하는 힘. 이것이 인간만이 가진 고유한 영역입니다.

인간은 본래부터 영적이며, 신령스러운 품성을 지닌 존재였습니다. 오늘날, 우리가 감탄해 마지않는 인공지능의 능력조차, 본질적으로는 인간 내면의 신적인 창조 능력이 외부의 결과물로 드러난 산물에 불과한 것입니다. 그렇기에 인공지능 시대에는 가상의 공간 세상을 통해 필연적으로 근원의 존재를 찾는 영성의 시대를 동반하게 될 것입니다.

영성은 인간이 지닌 신령스러운 성품, 다시 말해, 인간다움의 본질을 뜻하는 것입니다. 영성의 순간을 회복할 때 우리는 단순히 인공지능에 의해 지배받는 구조가 아니라, 오히려 인공지능을 넘어 그것들을 이용하고 활용하면서도 인간 존재에 대한 주체성을 잃지 않는 인간으로 살 수 있습니다. 그러나 만약, 인간 존재의 근원을 알지 못하면, 우리는 인공지능에 종속된 피동적 존재로 남게 될 것입니다. 자신의 본질을 깨닫고, 스스로가 삶의 주인임을 아는 사람은 인공지능이 눈앞에 곧 다가온다고 하더라도 결코 도태되지 않을 것입니다.

21세기는 이전 시대와는 다른 리듬으로 흘러가고 있습니다. 기술의 발전 속도는 인류가 지금까지 경험해 본 적 없는 수준으로 가속화되었고, 인공지능은 우리가 생각할 수 있는 수준을 넘어 상상을 초월하며 치닫고 있습니다. 사회와 문화는 끊임없이 변화하며, 가치관과 세대의 의식 역시, 비약적으로 변화하고 있습니다. 이렇게 인공지능은 인간의 지식과 기술을 뛰어넘고 있습니다. 그렇다면 인간에게 이제 남아있는 고유한 가치는 무엇일까요? 그것은 바로 인간만이 지닌 바탕, 더 나아가 '영적인 힘'을 아는 능력이라고 생각합니다.

여기에서 다루는 '꼭짓점 리더십'(Top Vertex Leadership)은 바로 이런 문제의식에서 출발합니다. '꼭짓점 리더십'은 '나'를 '나'답게 이끌어주어 내 안에 존재하는 리더를 만나는 일입니다. '꼭짓점 리더십'은 단순한 경영의 기술이 아니라, 인간 본성을 회복하고 자기 삶의 주인으로 우뚝 설 수 있는 방법입니다. 그리고, 그렇게 '꼭짓점 리더십'이 몸에 밴 리더는 고독을 넘어 자유를 체험하며, 주변에 존재 자체로 의미와 영향력을 주는 사람이 되어 있을 것입니다.

1 '꼭짓점 리더십'의 정의

우리는 종종 '리더는 타고나는 것인가, 학습되는 것인가?'라는 의문을 갖게 됩니다. 하지만, '꼭짓점 리더십'은 이와 같은 질문 자체를 뛰어넘게 됩니다. 왜냐하면, 모든 사람은 이미 자기 삶의 주인으로 태어난 리더이기 때문입니다. '리더'는 특정 직위나 권한을 가진 사람이 아닙니다. 리더는 자기 삶의 책임을 온전히 짊어지고, 그 삶을 통해 타인과 세상을 이롭게 하는 사람입니다. 조직에서의 직책과 직급을 떠나, 한 개인의 자격으로도 누구나 리더가 될 수 있는 것입니다. 예를 들어, 가정에서 부모는 자녀에게, 자녀는 부모에게 배움과 감동을 줄 수 있습니다. 학교에서는 선생님이 학생을 지도하고 이끌지만, 때로는 학생의 언행으로 인한 행위에서 선생님을 감동시키거나 깨우치게도 합니다. 이처럼 리더십은 특정한 위치에 있을 때만 존재하는 것은 아닙니다. 존재를 아는 인간은 누구나 리더가 될 수 있는 것입니다.

'꼭짓점'이란 것은 단순한 도형의 일부가 아닙니다. 꼭짓점은 시작이자 끝이며, 동시에 가장 높은 자리이기도 하지만, 반면 가장 작은 점이기도 한 것입니다. 기업의 3요소 (리더·멤버·고객)는 각기 따로 떨어진 독립적인 구조처럼 보이지만, 모두 하나로 연결되는 것입니다. 리더가 멤버 없이는 존재할 수 없고, 멤버도 고객 없이는 존재할 수 없으며, 고객은 다시 리더와 멤버의 역할을 통해 새로운 가치를 만들어 내게 됩니다.
이 3가지 구성요소는 사실 하나의 유기체이며, 꼭짓점에서 완성된 합일을 이루어내는 것입니다. 이런 구조를 이해한 리더라면 더는 '내가 생각하고 의사결정까지 모두 하니까, 너는 그저 나의 판단에 따르기만 하면 돼!'라고 하는 관점에 머물러 있지 않게 될 것입니다. 꼭짓점 리더십을 이해한 리더는 모든 것이 하나의 흐름 속에서 연결되어 있음을 깨닫게 되는 것입니다. '꼭짓점리더십'은 단순히 '리더는 고객의 입장을 이해해야 한다'는 생각에 머물지 않습니다. 리더와 고객, 멤버는 따로 떨어져 있는 존재가 아니라 서로 연결되어 있고, 결국 하나임을 깨닫게 하는 관점입니다. 이것은 단순히 역할을 바꿔 생각하는 문제가 아니라 인간 존재의 본질에서 비롯된 것입니다. 우리가 서로 다른 것처럼 보이는 것은 자아의 차원일 뿐 본성의 차원에서는 모두 하나이기 때문입니다.

'오심즉여심'(吾心卽汝心) 즉, 나의 마음이 곧 너의 마음이라는 가르침의 뜻을 전하는 것입니다. 역사 속 위대한 리더들은 모두 합일의 자각을 통해 세상과 하나가 되었습니다. 이러한 리더십은 기교나 전략에서 비롯된 것이 아닙니다. 이것은 자아를 넘어선 존재의 깊은 울림이며, 한 사람의 영혼이 전체와 공명할 때 발현되는 거룩한 힘이 되었습니다. 그리고, 그 힘은 공동체를 일깨우고, 시대를 변혁하며, 인류의 길을 새롭게 비추어 주었습니다.

리더가 자아를 넘어 맑고 투명한 본성의 자리에 머물 때 멤버와 고객은 그 리더를 통해 스스로를 발견하고 변화하게 되는 것입니다. 중요한 점은, 이 변화의 시작이 꼭 '리더'라는 위치에 있는 사람만은 아니라는 사실입니다. 때로는 고객이 변화를 이끌고, 때로는 조직의 한 멤버가 전체의 흐름을 바꾸어 놓기도 합니다. 그것은 우리 모두가 본질적으로 각자가 리더이기 때문입니다. 사회적으로 통용되는 직책만이 리더가 아닙니다. 자기 삶의 주인으로 선 사람은 누구나 리더인 것입니다. 그리고, 그 자리에서 발휘되는 힘은 단순한 성과 관리의 능력을 넘어섭니다. 그것이 인간 본성 깊은 곳에서 솟아나는 '신성'(神性)이며, '꼭짓점 리더십'은 바로 이 신성을 드러내는 품성을 완성시킬 수 있는 리더십입니다.

어느 날 한 젊은이가 스승에게 물었습니다.
"스승님, 어떻게 하면 사람들을 변화시킬 수 있습니까?"
스승은 거울을 내주며 말했습니다.
"네가 맑아지면, 거울도 맑아진다. 너의 얼굴이 웃으면, 거울도 웃는다. 세상은 네 안의 거울이니라."

이 이야기는 '꼭짓점 리더십'의 본질을 잘 보여줍니다. 내가 맑아지면 상대도 맑아지고, 내가 자유로우면 상대도 자유로워지는 이치인 것입니다.

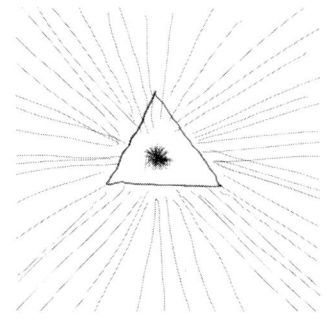

2 '꼭짓점 리더십'은 무엇이 다른가?

우리가 흔히 떠올리는 리더십은 피라미드 구조의 조직에서 맨 위쪽에 있는 관리자가 지시하고 명령하며 아래에 있는 조직원은 윗사람의 지시에 따르는 구조입니다. 리더는 계획을 세우고, 멤버는 실행하며, 고객은 결과물을 받아들이는 수동적 존재의 개념이었던 것입니다. 이 구도는 산업화 시대에 유효했습니다. 생산성이 목표였고, 효율이 최고의 가치였기 때문입니다. 그러나 꼭짓점 리더십은 조직에서의 다양한 역할을 넘어서서 본질의 존재로서의 가치를 우선으로 합니다.

오늘날의 리더십 환경은 과거와 근본적으로 달라졌습니다. 무엇보다 젊은 세대는 더는 일방적인 지시와 명령을 받아들이지 않습니다. 그들은 상명하달식 권위보다는 존중과 소통 속에서 스스로 의미를 찾기를 원하는 세대입니다. 고객 또한 단순히 소비만하는 존재는 아닙니다. 이제 고객은 적극적으로 목소리를 내며, 더 나은 가치와 변화를 요구하는 주체로 자리하고 있습니다. 조직의 멤버 역시 예외가 아닙니다. 과거처럼 '지시받은 일만 수행하는 사람'에 머무르지 않고, 자신의 창의성과 주도성을 발휘하여 새로운 가능성을 열고자 노력합니다. 결국, 리더십은 명령과 통제에서 벗어나, 세대와 고객, 그리고 멤버 모두의 참여와 공명을 이끌어내는 방향으로 전환되어야 하는 것입니다. 따라서, 리더십은 인간의 무한한 잠재력만큼 계속 변화하는 것입니다. 우리는 서로 상호 간에 소통하여야 존중할 수 있습니다. 소통은 자신만의 관점에서 벗어날 수 있어야 가능한 것입니다.

'꼭짓점 리더십'은 리더·멤버·고객이라는 경계를 없애는 데서 시작합니다. 리더가 고객의 시선으로 세상을 바라보고, 멤버의 자리에 서서 함께 뛰며, 고객이 리더처럼 혁신을 만들어내는 구조. 이것이 꼭짓점 리더십의 참모습입니다.

기존의 과거에는 지식과 기술에만 집중하는 리더십의 시대였습니다. 얼마나 똑똑한가, 얼마나 효율적인가에 따라 리더가 평가되었습니다. 하지만 오늘날에는 인공지능이 이미 지식을 뛰어넘고 있는 시대가 되었습니다. AGI 시대가 되면 리더의 명령을 들어줄 사람이 없는 시대일 수도 있습니다.

그렇다면, 리더는 무엇에 가치를 두어야할까요? 그것은 자기의 존재를 아는 것입니다. 자아를 뛰어넘은 리더는 두려움이나 욕심에 갇히지 않으며, 또한 존재 자체로 잠재력을 발휘합니다. 그는 맑고 투명한 마음으로 본질을 보고, 직관적인 통찰력을 통하여 위기 상황에서도 흔들리지 않으며, 조직을 새로운 길로 안내합니다.

꼭짓점 리더십은 단순한 정형화된 제도가 아니라, 존재 자체가 갖는 에너지입니다. 맑고 투명한 의식을 가진 리더 한 사람은 조직 전체에 선한 울림을 주게 됩니다. 마치 맑은 종소리가 울려 퍼져 온 공간을 진동시키듯, 한 사람의 성숙한 의식은 주변 사람들을 긍정적으로 변화시키는 것입니다. 이런 공명 속에서의 조직구조는 경직되고 정형화된 관례였던 일방적으로 위에서 지시받는 집단이 아닙니다. 조직 구성원 모두가 하나의 유기체로서 살아 움직이게 되는 것입니다. 꼭짓점 리더십은 리더뿐만이 아니라 멤버와 고객까지도 주체적 힘을 발휘하며, 세 축이 함께 하나의 꼭짓점으로 수렴하는 구조입니다. 오늘날의 조직은 이렇게 '꼭짓점 리더십'에서 말하는 핵심 원리를 이미 실천하고 있으며, 그렇지 않은 리더라고 하더라도 향후에는 반드시 이를 실천해야 할 것입니다.

리더십은 특정 개인에게 집중된 힘이 아니라, 리더-멤버-고객이 함께 참여하며 만들어 가는 합일의 과정이라는 것입니다. 꼭짓점 리더십은 바로 이러한 구조를 이론적으로 정리하고, 실천적으로 제시하는 새로운 리더십의 패러다임이라 할 수 있습니다. 이것을 인간 개개인의 관점에서 본다면 지,덕,체로서 우리는 모두가 하나라는 합일을 이루어 내기 위한 리더라는 의미이기도 합니다.

꼭짓점 리더십은 기존의 리더십 이론과는 본질적으로 다른 차별성을 지니고 있는데, 그것은 단순히 역할이나 기술만의 문제가 아닌, 존재와 의식의 차원에서 새롭게 열리는 리더십이라는 점입니다.

꼭짓점 리더십이 기존의 리더십과 본질적으로 다른 점은
첫째, 역할의 자유로운 이동입니다. 리더, 멤버, 고객은 고정된 위치에 머무르지 않게 되어, 리더가 멤버가 되기도 하고, 멤버가 고객의 관점에서 바라보기도 하며, 고객이 다시 혁신을 이끄는 리더의 자리로 올라서기도 합니다. 이러한 자유로운 이동은 조직을 유연하게 만들고, 모든 주체가 창조적 힘을 발휘할 수 있도록 이끌게 됩니다.
둘째, 자기 초월입니다. 꼭짓점 리더십은 단순히 지식과 기술에 의존하지 않으며, 자아의 한계를 넘어선 성숙한 자리에서 발휘되는 통찰을 중요하게 생각합니다. 개인적 욕망이나 성과 중심의 사고를 넘어, 더 큰 의미와 가치를 향한 의식의 도약이 이루어질 때 진정한 리더십이 형성되는 것입니다.
셋째, 에너지와 공명입니다. 한 사람의 맑은 의식과 깊은 성찰력은 조직 전체에 큰 파장을 일으키게 되며, 이 역할은 그저 단순한 영향력이 아니라, 마치 물제비처럼 널리 퍼져나가며 구성원들의 마음을 움직이고, 조직 전체를 변화시키는 힘으로 작용하게 합니다. 결국 한 사람의 변화를 통해 전체가 바뀌는 공명(共鳴)의 리더십이 구현되는 것입니다. 유유상종(類類相從) 과도 같은 동기감응(同氣感應)이 일어나는 것입니다.

이와같이 꼭짓점 리더십은 역할의 유연성, 의식의 초월, 그리고 에너지의 울림이라는 세 가지 차별성을 통해, 인공지능 시대와 영성의 시대에 걸맞은 새로운 리더십의 길을 제시하고자 하는 것입니다. 어두운 방 안을 환히 밝히는 세 개의 초가 있는데, 하나는 리더, 하나는 멤버, 하나는 고객입니다. 처음에는 서로 다른 불빛으로 빛났지만, 곧 서로의 불꽃을 나누어 결국 방 전체가 환해졌습니다. 세 개의 초는 따로이면서도 하나였습니다. 이것이 바로 '꼭짓점 리더십'의 모습입니다.

3 '꼭짓점 리더십'은 왜 필요한가?

인간은 누구나 고독 속에서 태어나고, 고독 속에서 죽음을 맞이합니다. 고독은 인간의 숙명이자 동시에 성장의 출발점입니다. 꼭짓점은 바로 이 고독의 자리이자, 새로운 시작의 자리와도 같습니다. 많은 사람이 고독을 두려워하지만, 리더는 고독을 두려워하지 않습니다. 오히려 고독을 마주하고, 그 속에서 자기 자신과 깊이 대화합니다. 고독을 넘어선 사람만이 자유를 얻을 수 있는 것이며, 자유로운 리더만이 세상을 변화시킬 수 있는 것입니다. 고독의 감정을 못 견뎌하는 리더는 외부의 인정에 매달리거나, 성과와 지위에 집착하게 됩니다. 그러나, 고독을 즐기며 소화해 낼 줄 아는 리더는 내면의 목소리에 귀 기울일 수 있으며, 더는 마음이 흔들리지 않게 됩니다. 우리는 종종 외부에서 리더를 찾습니다. 정치 지도자, 기업 CEO, 스승, 혹은 부모. 그러나 진정한 리더십의 출발은 외부가 아니라 내부에서 시작되는 것입니다.

'꼭짓점 리더십'에서는 우리에게 근본적인 질문을 던집니다. '나를 누가 이끄는가?' 답은 분명합니다. 나를 이끄는 것은 자아의 욕망과 두려움에 갇힌 '작은 나'가 아니라, 자아를 초월한 성숙한 자기입니다. 이렇게 성숙한 자기는 고요한 내면에서 길러지고, 고독을 마주하는 과정 속에서 드러나게 됩니다. 자기 안에 있는 성숙한 리더를 발견한 사람은 외부 환경이나 타인의 평가에 결코 휘둘리지 않습니다. 그는 자신이 어떤 문제든, 어떤 과제든 스스로 이끌고 해결해 낼 수 있으므로 타인에게도 깊은 울림과 영향을 줄 수가 있는 것입니다.

역사를 돌아보면, 거대한 변화는 언제나 한 사람의 내적 변혁에서 비롯되었습니다. 부처는 깨달음을 통해 불교라는 사상을 열었고, 예수는 사랑의 메시지를 삶으로 실천하여 인류사의 새로운 장을 열었습니다.

내가 나의 주인이 될 때, 그 울림은 가족, 조직, 사회, 나아가 인류 전체에 미치는 파동으로 이어지게 될 것입니다.
오늘날 조직과 사회는 기술 변화의 가속, 경제의 불확실성, 기후와 환경 위기, 세대 간 충돌과 내부 갈등이라는 복합적 위기에 직면해 있습니다. 기존 권위적 리더십은 젊은 세대에게 거부감을 불러일으키고, 성과 중심 리더십은 인간성을 소모시키며 조직을 지치게 하고, 기술 중심 리더십은 인간다움의 가치를 외면하여 이러한 시대적 갈등과 위기 상황을 해결하기에는 역부족입니다. 꼭짓점 리더십은 이런 위기의 시대에 새로운 리더십의 대안으로 훌륭한 역할을 수행하게 될 것입니다.

꼭짓점 리더십은 인간 본성에 기반한 리더십이며, 누구나 자기 삶의 주인으로 서는 리더십입니다. 자유롭지 못한 리더는 늘 두려움에 갇혀 현상 유지에만 급급합니다. 그러나 자유로운 리더는 새로운 길을 열고, 세상에 창조적 변화를 일으킵니다. 꼭짓점 리더십은 고독을 넘어 자유에 이르는 과정을 통해 형성되는 것이며, 그 자리는 통달의 경지에 오른 위치에서 창조하는 자리가 되어야 하는 것입니다. 자기 삶의 주인으로 당당히 서서, 존재 자체만으로도 타인과 세상을 이롭게 하는 자유로움입니다.

바람이 나무에 말했습니다.
"너는 한 곳에서 땅속에 깊이 뿌리를 내리고 있기 때문에 결코 자유롭지 못한 몸이겠구나!"
나무가 대답했습니다.
"나는 땅속 깊이 뿌리를 내리고 있기에 진정 자유롭단다.
어디에도 흔들리지 않고, 나의 자리를 굳게 지키고 있거든!"

자유란 언제, 어느 곳으로든 거리낌 없이 마음대로 움직일 수 있는 것만은 아닙니다. 진정한 자유란 자기 자리를 묵묵히 지키면서도 본성을 드러내는 것입니다. 갑작스럽게 찾아오는 급격한 변화는 우리를 큰 혼란에 빠뜨릴 뿐만 아니라 급한 마음에 서둘러 변화를 쫓아가려다 보면 중요한 것을 놓치고 심한 공허함도 느끼게 됩니다. 이런 때일수록 우리는 나를 잡아줄 자기를 통해 흔들리지 말고 살아야 합니다. 내 인생은 나의 것이기 때문입니다.

세상을 밝히는 리더십

시대의 변환기는 우리에게는 위기이자, 동시에 기회입니다. 인공지능시대에는 미래를 예측하려해도 모든 것이 너무 빠르게 변하고 있습니다. 인간의 능력을 초월하는 AI시대에 인간의 잠재된 초인적인 능력을 발휘할 리더가 필요합니다. 새로운 리더십이 요구되는 이 순간, 꼭짓점 리더십은 단순한 이론이 아니라 실천 가능한 길을 보여주는 행동의 리더십입니다.

꼭짓점 리더십은 '자기가 삶의 주인'이라고 인식하는 데서 출발합니다. 그 길을 걷는 사람은 고독을 넘어 자유에 이르며, 존재 자체로서 타인과 세상을 밝힐 수 있는 능력을 지니게 됩니다. 이제 더는 특정 소수만이 리더가 되는 시대가 아닙니다. 우리 모두가 자기 삶의 주인이 되어, 모든 것과 소통할 수 있는 온전한 인간으로서의 창조자가 될 수 있습니다. 이것이 바로 꼭짓점 리더십이 열어 가는 새로운 시대의 리더십인 것입니다. '꼭짓점 리더십'은, 나 하나의 변혁이 곧 전체를 변화시키는 힘임을 자각하고, 자기 삶의 주인으로 서서, 존재 자체로 세상을 밝히는 궁극의 리더십입니다. 이제부터 '나는 나의 주인'으로서 이 세상을 밝히는 리더가 되어보시길 진심으로 바랍니다.

自餘吟 (자여음)

소강절(邵康節)

身生天地後 (신생천지후)

心在天地前 (심재천지전)

天地自我出 (천지자아출)

自餘何足言 (자여하족언)

비록 이내 몸은 천지(天地)보다 뒤에 태어났으나

내 마음만큼은 천지를 넘어서는구나

천지가 나로 부터 나왔으니

나머지는 더 말하여 무엇하겠는가!